W0213971

Marcus Stobbe

Lösungsorientierte Kommunikation
… und das Lächeln kehrt zurück.

Das ABC des Wandels

1. Auflage 2001

Nachdruck verboten
Alle Rechte, insbesondere das der Übersetzung
in fremde Sprachen und der Reproduktion
auf photostatischem Wege
oder durch Mikrofilm, vorbehalten
© Marcus Stobbe, 2001

ISBN 3-8311-0972-9

Inhaltsverzeichnis

Vorwort

Menschen entwickeln sich im Laufe ihres Lebens durch die erfolgreiche Bewältigung aktueller Konflikte in ihrer Persönlichkeit weiter. Manchmal motivieren anstehende Konflikte, bisweilen erscheinen sie auch als nicht zu überwindende Hürden, die dazu führen, dass wir nicht mehr an den Erfolg unserer Aktionen glauben und sie deswegen erst gar nicht ausführen.

Eysenck fand 1952 heraus, dass es zu einer bedeutsamen Verbesserung führt, etwas zu unternehmen, egal was. Es sei wesentlich effizienter, Konflikte anzugehen und aktiv zu werden als zu klagen und nichts zu verändern.

Dieses Buch bietet Ihnen das methodische Werkzeug, aktuelle Probleme durch praktikable Lösungen zu ersetzen: Lösungen, die Sie in sich tragen!

Sie lernen eine Reihe von Fragen in einer bestimmten Anordnung kennen; Fragen, die Sie sich selbst genau so gut wie Ihren Gesprächspartnern stellen können. Diese werden ergänzt durch wissenschaftlich geprüfte Methoden, die sich im privaten und beruflichen Alltag als nützlich erwiesen haben.

> **Lernen ist wie Rudern gegen den Strom. Sobald man aufhört, treibt man zurück.**
>
> Benjamin Britten

Da jeder Mensch individuelle Erfahrungen besitzt und jeweils andere Fragen oder Methoden für sich als wirksam erachtet, haben Sie bei nahezu allen Fragen die Auswahl zwischen drei Möglichkeiten des Wandels: A, B oder C. Sie erhalten zu jedem Baustein drei Optionen, die das Grundgerüst für Gespräche bieten und gleichzeitig individuelle Formulierungen ermöglichen. Sie haben in diesem Buch Raum, ihre eigenen Fragen zu entwickeln und die Fragen für die Beantwortung Ihrer aktuellen Themen zu nutzen. Wenn Sie den Aufbruch zu neuen Ufern in die Welt der Lösungen wagen, wird Ihnen dieses Buch ein wertvoller Begleiter sein. Dieses Buch versucht zu verdeutlichen, dass die hier vorgestellten Fragen ausreichend sind, um sich selbst auf den Lösungsweg zu machen, egal, welches Problem sich in den Weg stellt.

Im 1. Teil des Buches, Problemgespräch, geht es um das detaillierte Erfassen der als problematisch empfundenen Situationen.

Über Probleme zu sprechen, ist keine einfache Sache – sagen manche. Gerade in Deutschland sprechen aber auch viele Menschen über nichts lieber als Probleme, vor allem mit dem Hinweis, dass man einfach nichts, aber auch gar nichts daran machen kann.

Hört man zwei Menschen zu, die sich z.B. im Autobus gegenseitig ihre Leiden erzählen, so läßt sich beobachten, dass der eine dem anderen nicht durch Fragen weiterhilft, sondern seinerseits Probleme aktiviert und von sich erzählt. Bei dieser Form von Gesprächen, die wir im Alltag häufig führen, hört keiner dem anderen wirklich zu, die Unterstützung für den anderen fällt geringer aus als sie sein könnte.

Aber wäre es nicht schöner, wenn Sie den Gesprächspartner stützen könnten? Intuitive Ratschläge werden allerdings zumeist zurückgewiesen z.B. mit den Worten: «Geht doch gar nicht!» oder «Alles schon ausprobiert!»

> **Mit nichts ist man freigiebiger als mit Ratschlägen, und mit nichts sollte man zurückhaltender sein.**
>
> Franz VI., Herzog von La Rouchefoucauld

Nun, wenn fremde Lösungen nicht helfen, vielleicht kann Ihr Gesprächspartner seine eigenen Erfolge der Vergangenheit aktivieren. Die lösungsorientierte Gesprächsführung hilft Ihren Gesprächspartnern, sich die erwünschten Zustände zu vergegenwärtigen und die eigenen Ressourcen zur Zielerreichung zu erkennen und zu nutzen.

Die Suche nach den eigenen Fähigkeiten und Reserven, den Erfolgen, der bewußten Planung der Schritte hin auf ein Ziel sind die Themen dieses Buches und werden Ihnen helfen, sowohl die eigenen Lösungen zu verwirklichen als auch die Lösungsorientierung Ihrer Gesprächspartner zu wecken.

Was ich zu sagen habe, ist nicht unbekannt, hat sich bewährt und kann bei verschiedenen Autoren nachgelesen werden. Neu ist allenfalls die Zusammenstellung von bewährten Methoden zu einem konstruktiven Ganzen, das mir und meinen Gesprächspartnern Lust gemacht hat, aus der Lethargie einer Problemhypnose auszubrechen und schwungvoll Lösungen anzustreben und Ziele zu erreichen. Die Freude an diesen Lösungen schuf meine Energien, diesen Weg so nachvollziehbar zu machen, dass ihn jeder so beherrscht wie das ABC. So sehr ich an Lösungen interessiert bin, so ist doch der erste Schritt auf dem Weg zu den Lösungen ein genaues Hinschauen in die aktuelle Situation mit den begleitenden Gedanken, Gefühlen und Verhaltensweisen.

Der 2. Teil des Buchs, das Lösungsgespräch, bietet eine Fülle von Fragen und Methoden zur Erfassung von Lösungen. Die hier vorgestellten Fragen können Sie nutzen:

- um Ihre Persönlichkeit weiterzuentwickeln und Ihre Ziele/Visionen zu erreichen,
- um Konflikte mit Freunden oder der Familie zu schlichten,
- um beruflich erfolgreiche Gespräche mit Mitarbeitern, Vorgesetzten und Kunden zu führen.

Die Kapitel enthalten Anregungen, Übungen, ein Fallbeispiel sowie eine Checkliste, die zur Integration der Techniken in den persönlichen Denk- und Kommunikationsstil geschaffen wurde. Die Vorgehensweise wird durch ein Weihnachtsmärchen verdeutlicht, in dem Knecht Ruprecht durch lösungsorientiertes Denken das Weihnachtsfest für die Kinder rettet.

Danken möchte ich an dieser Stelle meinen KollegInnen und Freunden Ursula Zenses, Oliver Röse und Frank Alexander, ohne deren Ideen dieses Buch ein anderes Gesicht hätte.

Neuss, im Mai 2001
Marcus Stobbe

I. Ein Weihnachtsmärchen

Es war einmal vor langer Zeit, da sprach der Weihnachtsmann bei der Kontrolle des bepackten Schlittens zum Knecht Ruprecht:

«Weißt du, ich glaube nicht, dass ich das dieses Jahr schaffe, die ganzen Geschenke rechtzeitig zu den Kindern zu bringen. Ich bin nicht mehr der Jüngste, meine Renn-Elche wollen lieber Elch-Tests machen, anstatt den Schlitten zu ziehen, die Geschenke werden auch immer mehr und immer größer ...»

«Hmm, Chef», nickte bestätigend Knecht Ruprecht. Seit mehreren hundert Jahren schon nannte Knecht Ruprecht den Weihnachtsmann Chef. Die beiden bildeten ein gutes Team mit verteilten Rollen.

Knecht Ruprecht war zuständig für das Verpacken der Geschenke, das Beladen des Schlittens, die Strecke und das Timing sowie die Auswahl des schnellsten Schlittens und der Renn-Elche.

Schon vor Jahren hatte er die Rentiere durch Renn-Elche ersetzt, deren Power und Ausdauer beim Ziehen des Schlittens einfach umwerfend waren und immer noch sind.

Der Chef war zuständig für die Kontakte zu den Kindern und traf die Entscheidung, welches Geschenk für welches Kind gekauft und mitgenommen wurde. Ach ja, und nicht zu vergessen, der Chef trug auch noch die Verantwortung für ihre gemeinsamen Weihnachtsaktionen. Das bedeutete, alle Beschwerden richteten sich an ihn, was ihn manchmal besonders traurig und lustlos machte.

«Und», fuhr der Weihnachtsmann fort, «wenn dann die Reklamationen kommen, gerade bei den CD's, da kannst Du ja einen Techno-Song nicht vom anderen unterscheiden, dann muß ich für die Fehler gerade stehen, Knecht, das ist nicht schön! Und die Ausdrucksweise der Kinder heutzutage, also da könnte ich dir Geschichten erzählen ...»

«Was geht dir da durch den Kopf, Chef?», fragte Knecht Ruprecht, der diese Stimmungen seines Chefs kannte.

«Ja, da frage ich mich doch glatt, für was mache ich das alles! Da will ich Freude verbreiten und dann sowas! Am liebsten würde ich so lange wie möglich in meinem Wolkenbett liegen bleiben und noch eine Runde von meinem Manna naschen. Bloß keine Post nach Weihnachten öffnen. Da graust es mir jetzt schon vor!»

«Wie würdest du beim Denken an das Öffnen der Post Deine Gefühle in Worte fassen», fragte neugierig Knecht Ruprecht, denn an den Gefühlen seines Teampartners war er sehr interessiert.

«Nicht so einfach, Knecht, das kann man ja gar nicht so richtig, ... eigentlich sollte man ja darüber auch nicht ..., da spricht man ja auch nicht ..., aber wenn Du mich so fragst ...», stammelte der Weihnachtsmann und holte tief Luft, «dann fühle ich mich ganz schön allein und machtlos und frage mich, ob ich alles falsch mache und nicht viel zu alt für diesen Job bin!»

«Was würden denn die Kinder sagen, wenn sie dich da oben so liegen sehen würden?» fragte Knecht Ruprecht nach.

«Ooch, die würden sagen, der Mann hat ein Leben lang gearbeitet, der hat keine Lust mehr, der ist zu alt für den Job, der soll in Rente gehen oder wenigstens die richtigen Geschenke mitbringen.»

«Ah ja», dachte sich Knecht Ruprecht, «das Problem kenne ich jetzt, jetzt aber nichts wie raus aus der Problemstimmung!»

«Ach, schau mal, Chef, das Wetter klärt sich auf, die Wolken verschwinden und wir können in diesem herrlichen Sonnenschein auf die Erde herabfahren. Ist das nicht eine herrliche Aussicht!», rief Knecht Ruprecht mit Begeisterung in der Stimme. Er wußte, dass es manchmal gut war, seinen Chef aus dieser Stimmung einfach herauszureißen und erhielt den Zeitpunkt für günstig, da er wußte, was seinen Chef bewegte. Dessen Miene erhellte sich auch tatsächlich und er schaute auf die Erde herab und sagte:

«Ach schau mal, da unten liegt Schweden, wo wir vor vielen Jahren mal den Elch wechseln mußten. Ja, ich erinnere mich genau! Da hatten wir den neuen Schlitten, der so super in der Kurve lag!»

«Meinst du nicht, Chef, wir sollten auch dieses Jahr unsere Tour wie jedes Jahr machen?» fragte Knecht Ruprecht.

«Mach du das alleine, Knecht, du kannst das genau so gut wie ich. Fahr du mal für mich!» Sagte der Weihnachtsmann und lehnte sich erschöpft an den Schlitten.

Damit hatte Knecht Ruprecht nicht gerechnet. Viele Gedanken gingen ihm durch den Kopf: Alleine? Zur Erde hin und wieder zurück? Und dazwischen? Geschenke vom Knecht Ruprecht, anstatt vom Weihnachtsmann? Da müßten ja die ganzen Märchen erst mal neu geschrieben werden. Und wer soll das denn Eltern beibringen? Und wie die ihren Kindern? Von der Idee, alleine für die Weihnachtsgeschenke verantwortlich zu sein, war Knecht Ruprecht nicht begeistert. Zuerst wollte er sagen:

‹Ich habe meine Arbeiten, die ich doch jedes Jahr erledige, das schaffe ich gar nicht alles!› oder ‹Kannst du nicht einen Kollegen vorbeischicken?› bis hin zu ‹Dann bleibe ich auch hier!›, aber dann fiel ihm ein, was er wirklich wollte: Wie jedes Jahr im Team mit dem Chef die Kinder in der Weihnachtszeit glücklich machen. Also sprach er nicht von der Enttäuschung der Kinder, wenn der Weihnachtsmann wegbliebe, sondern er ging anders als gewöhnlich vor, um seinem Chef vor Augen zu führen, was die angenehmen Seiten seines Geschäfts sind.

Er sagte: «Chef, denk' doch einmal an die Kinder im letzten Jahr unten auf der Erde. Erinnere dich bitte einmal, wie sie aussahen, als sie am Weihnachtsabend die Geschenke auspackten!»

Der Weihnachtsmann dachte einen Moment nach und dann kamen ihm die vielen Bilder in den Sinn: Ja, da leuchteten die Augen bei den Kleinen unter dem Weihnachtsbaum, es gab ein ‹Ah› und ‹Ooh›, die Bäckchen waren rot und die Eltern wurden gedrückt! Alle nahmen sich in die Arme und die Kinder riefen: ‹Danke, lieber Weihnachtsmann!› schmunzelte der Weihnachtsmann mit einem zufriedenen Lächeln.

«War da auch eine Musik zu hören?», fragte Knecht Ruprecht nach.

«Oh ja, mein Lieblingslied: *White Christmas*, gesungen von Frank Sinatra. Was für ein Sänger!» antwortete der Weihnachtsmann mit Begeisterung in der Stimme. Er stieß sich vom Schlitten ab und pfiff die Melodie. Knecht Ruprecht glaubte sogar zu sehen, wie der Weihnachtsmann ein paar kleine Schritte macht, so als ob er tanzen wollte.

«Sag mal, Chef, auf einer Elch-Skala von 1 bis 10, wobei 10 Elche bedeutet, du machst die Kinder auf der Erde glücklich und wirst Frank Sinatra hören, und 1 bedeutet, du wirst nichts davon erleben, bei wieviel Elchen bist du momentan?» fragte Knecht Ruprecht.

Der Weihnachtsmann dachte einen Moment nach und sagt: «So bei siebeneinhalb Elchen!»

«Aha», sagte Knecht Ruprecht und dachte bei sich, das ist ja schon eine ganze Menge, «gab es schon einmal Situationen, in denen es dir ähnlich ging, und die du erfolgreich gestalten konntest?»

Der Weihnachtsmann mußte einige Zeit nachdenken, denn er hatte ein langes aktives Leben hinter sich mit vielen Erfolgen: «Oft, oft», murmelte er, «neulich zum Beispiel, das muß um 1910 gewesen sein, da war ein gar fürchterlicher Wintereinbruch. Da mußte ich mich zusammennehmen. Da habe ich mir drei Mäntel angezogen, mich mit Elchfett eingerieben und dann ging die Post ab!»

«Ich bin beeindruckt, wie du die Kälte ausgehalten hast, Chef, das schafft nicht jeder», sagte Knecht Ruprecht.

«Ja», sagte der Weihnachtsmann, «wenn ich so zurückschaue, das war schon mutig, den harten Ritt zu wagen. Vier Elche haben's nicht überlebt, aber ich war pünktlich bei den Kindern und habe viel Freude bereitet.»

«Da hast du dich ja richtig durchgesetzt, um pünktlich bei den Kindern gewesen zu sein. Das muß ein harter Brocken gewesen sein. Kompliment, Chef! Hast du dich nachher dafür belohnt?»

«Soweit ich mich richtig erinnere, habe ich einen heißen Ausflug aus dem Himmel raus in den tiefen Süden unternommen an den Teufelsberg. Es gab zwar kein Manna, aber einen höllisch guten Schaschlik – und herrlich warm war es da!»

«Welche deiner Fähigkeiten und Reserven, lieber Chef, könntest Du nutzen, um auf der Elch-Skala den glücklichen Kindern und Frank Sinatra einen Schritt näher zu kommen, fragte Knecht Ruprecht. «Nun, so kalt ist es dieses Jahr ja gar nicht, aber Pünktlichkeit ist mir immer noch wichtig. Ich kann ja schlecht einen Abend zu spät kommen!», grummelte der Weihnachtsmann. «Wenn nur nicht die viele Post nach Weihnachten wäre!»

«Was wäre, wenn die Post nach Weihnachten einfach beantwortet würde, ohne dass du dich dabei ärgern müßtest!», überlegte laut Knecht Ruprecht.

«Oh, das wäre ein schönes Weihnachtsgeschenk für mich», überlegte der Weihnachtsmann, während beide anfingen, die Elche anzuspannen.

«Chef, stell dir vor, sagte Knecht Ruprecht, «ich komme in drei Wochen aus meinem wohlverdienten Urlaub zurück und du hast es geschafft: die Post der Kinder ist erledigt, ohne dass du dich geärgert hast. Stattdessen warst du völlig entspannt und hattest eine himmlisch schöne Zeit. Was wirst du mir erzählen können, wie du es vollbracht hast?»

Ein leises Lächeln ging über das Gesicht des Weihnachtsmanns, während er in Gedanken wiederholt: «Ich habe es also schon geschafft, sagst du, Knecht, und liege bei meinem Manna. Ich bin entspannt und denke an die netten Kinder zurück. Hmmm, na dann werde ich die bösen Briefe nicht gelesen haben! Jemand anders wird sie geöffnet und bearbeitet haben, die netteren werden mir gegeben und dann von mir komplett bearbeitet, die anderen bearbeiten meine Helfer, ich unterschreibe dann nur noch die freundlichen Antwortschreiben. Ja, das paßt. Aber wer könnte mir helfen, ...

wer wäre so freundlich … natürlich, dass ich nicht schon früher daran gedacht habe, die Engel! Alleine aufgrund Ihrer Berufsauffassung können sie mir die Bitte schon nicht abschlagen. Und bei ihrer reinen Seele ärgern sie sich auch überhaupt nicht, sondern verzeihen den lieben Kleinen!»

«Klasse, Chef!», sagte Knecht Ruprecht, «jetzt bist Du ganz nah an Deinem wunderbaren Ziel, die Kinder glücklich zu machen. Brauchst Du noch etwas, um Dein Ziel zu verwirklichen?»

«Ja», sagte der Weihnachtsmann, «dass du einsteigst, sonst kommen wir zu spät! Die Engel informiere ich, wenn ich zurückkomme! Hüa, Hüa!»

P. S. Seitdem Knecht Ruprecht Lösungsorientiertes Denken im Himmel verbreitete, haben die Engel mehr Abwechslung und die Arbeit wird auf allen Flügeln gleichmäßig verteilt. Der Weihnachtsmann genießt jedes Jahr nach Weihnachten sein Manna und schreibt Autogramme.

Und Knecht Ruprecht? Knecht Ruprecht hat sich für zwei Jahre beurlauben lassen, um als Berater Menschen angenehme Visionen vor Augen zu führen und bei ihrer Verwirklichung zu unterstützen.

II. Einführende Worte zum Problemgespräch

Das Gespräch über Probleme oder Schwierigkeiten kann viele Formen haben. Zwei sich ergänzende Formen sind das Problem- und das Lösungsgespräch.

Ein Problemgespräch findet zumeist vor dem Lösungsgespräch statt und hat zwei Aufgaben:

- zum einen dem Gesprächspartner das Gefühl zu vermitteln, dass man ihn versteht und wertschätzt (eine Beziehung herstellen),
- zum anderen ein Bild problematischer Situationen vor Augen zu haben, inklusive der enthaltenen Gefühle, Gedanken und Verhaltensweisen.

Das zentrale Element jedes Problemgesprächs ist das detaillierte Erfassen von Problemsituationen. Dazu sind vier Fähigkeiten notwendig: Zuhören können, nonverbal (wortlos) verstärken, Wahrnehmungsfehler vermeiden und die Fragen nach Gedanken, Gefühlen, Verhaltensweisen und der Sichtweise wichtiger anderer Personen (zirkuläre Fragen) benutzen.

Das Problemgespräch dient nicht einer Ursachenanalyse oder einer Diagnostik. Vielmehr ist es an dieser Stelle wichtig, das Bedürfnis zu respektieren, dass sich der Gesprächspartner vor sich selber und dem Zuhörer erklärt und rechtfertigt, warum er Hilfe in Anspruch nimmt. Außerdem sehen Gesprächspartner «ihren Beitrag zum Gespräch darin, eine präzise Beschreibung des Problems zu liefern – verbunden mit der Überzeugung, dass ein Berater um so effektiver helfen kann, je genauer er das Problem kennt. ... Anders vorzugehen würde bedeuten, ihn vor den Kopf zu stoßen» (Bamberger, 1999). Manche unserer Gesprächspartner zeigen dabei ein eher problemfokussiertes als lösungsorientiertes Denken.

Problemfokussierung bedeutet, sich in Gedanken in einer Welt der Probleme aufzuhalten, diese zu wiederholen und dadurch eine pessimistische Sicht in Bezug auf Lösungen zu entwickeln. Gleichzeitig stellen sich unangenehm erlebte Gefühle ein. Problemfokussierungen lassen sich demzufolge an Formulierungen und Handlungen erkennen, die sich mit dem Problem beschäftigen anstelle mit der Lösung.

Zu den sprachlichen Indikatoren der Problemfokussierung gehören:

- Wiederholungen des Problems,
- negative Wortwahl – ‹fürchterlich›, ‹keine Chance›, ‹schlimm›,
- negativ besetzte Beschreibungen – ‹Alles dreht sich im Kreis›,
- unzulässige Verallgemeinerungen – ‹Nie wird sich etwas ändern›,
- Selbstvorwürfe – ‹Ich bin zu dumm dazu›,
- Befürchtungen, Katastrophengedanken – ‹Ich werde auf der ganzen Linie versagen› oder
- fehlende Antworten auf lösungsorientierte Fragen.

Wenn Du Unglück leidest, klage nicht den Himmel an, sondern beuge dein Haupt und setze dich mit deiner Seele auseinander.

AUS ARABIEN

Wie sich Problemfokussierung auswirken kann, zeigt folgendes Beispiel: Wenn problemfokussierte Menschen im Berufs- oder Privatleben entdecken, dass sie ‹ein totes Pferd reiten›, d.h. dass sie sich nicht mehr mit ihrem Umfeld, der Tätigkeit oder Beziehung identifizieren, reagieren sie wie folgt:

- Sie sagen: «So haben wir das Pferd doch immer geritten»,
- Sie gründen einen Arbeitskreis, um das Pferd zu analysieren,
- Sie stellen Vergleiche unterschiedlicher toter Pferde an,
- Sie ändern die Kriterien, die besagen, ob ein Pferd tot ist,
- Sie erzählen andauernd von ihrem toten Pferd.

Anstatt das Problem – das ‹tote Pferd› – zu vertiefen, ist es sowohl sinnvoller als auch angenehmer, eine andere Blickrichtung einzunehmen und in die Zukunft zu schauen.

Lösungsorientierung bedeutet das energische Anstreben von Zielen in guter Stimmung. Anstehende Probleme werden als alltägliche Ereignisse betrachtet, als eine angenehme Herausforderung, die es zu bewältigen gilt. Dies funktioniert, indem man sich gedanklich von den unangenehmen Begleiterscheinungen des Problems löst und sich an den angenehmen Seiten der erfolgreichen Lösung orientiert.

Eine Weisheit der Dakota-Indianer sagt:
«Wenn Du entdeckst, dass Du ein totes Pferd reitest, steig ab.»

Worin liegt der Erfolg der Lösungsorientierung? Sie erleben die Antwort, wenn Sie Ihr Denken und Handeln sowie Ihre Gespräche lösungsorientiert führen, wie ab Kapitel 9 beschrieben. Sie können an sich selbst erleben, wie Ihre Motivation und Energie aktiviert werden, Ihre Ziele anzustreben und zu erreichen. Gleichzeitig können Sie die Fragen dazu nutzen, die Energien Ihrer Gesprächspartner durch das Führen lösungsorientierter Gespräche zu wecken.

II. 1. Einladung zum Problemgespräch

1A Welche Themen beschäftigen Sie? Was bewegt Sie?
1B Mit welchem Thema wollen Sie konkret beginnen?
1C Schildern Sie mir bitte eine konkrete Situation!

Vielen Menschen ist es ein Bedürfnis, zuerst von ihren Problemen zu erzählen. Erst dann wächst die Bereitschaft, lösungsorientiert vorzugehen. Daher ist es wichtig, unsere Fähigkeiten als Zuhörer zu überprüfen. Dabei werden Sie feststellen, dass konzentriertes Zuhören, Nachdenken und Sprechen über einen längeren Zeitraum keine einfache Sache ist!

Überprüfen Sie sich selbst:

Schauen Sie sich eine Nachrichtensendung wie die Tagesschau an und geben Sie im Anschluß die behaltenen Nachrichten fehlerfrei wieder. Fehlerfrei bedeutet: Sie haben weder etwas Richtiges vergessen (Fehler vom Typ 1) noch etwas Falsches hinzuerfunden (Fehler vom Typ 2)! Unsere eigenen Gefühle, Bedürfnisse, Ziele und gespeicherten Erfahrungen führen dazu, dass wir stets bewerten und damit oft den 2. Fehler begehen. Diese Schwierigkeiten gilt es zu überwinden, wenn wir unseren Gesprächspartnern wirklich zuhören wollen. Für Sie ist es wichtig, durch konzentriertes Zuhören eine erste Orientierung über Themen, beteiligte Personen und schwierige Situationen zu bekommen und eine angenehme Atmosphäre zu schaffen. Sollte Ihr Gesprächspartner nicht von sich aus mit dem Erzählen seiner Schwierigkeiten beginnen, können sie das Thema eröffnen.

~

1A Welche Themen beschäftigen Sie? Was bewegt Sie?

Die Fragen möchte ich im folgenden durch ein Fallbeispiel erläutern, das ein externer Coach mit einer Führungskraft (H. Schmitz) über einen Zeitraum von mehreren Sitzungen geführt hat.

Fallbeispiel 1a

Coach: «Grüß Gott Herr Schmitz! Ein herrliches Wetter heute, nicht wahr!»

H. Schmitz: «Das stimmt. Man sollte etwas an der frischen Luft machen!»

Coach: «Welches Thema haben Sie für unser heutiges Gespräch mitgebracht?»

H. Schmitz: «Tja, wie soll ich sagen, ich habe Schwierigkeiten mit meinem Vorgesetzten. Das ist ein ganz schön harter Hund, muß ich sagen …»

Welche Formulierung Sie zum Gesprächseinstieg wählen, ist von Ihnen, Ihrer Stimmung und der Einschätzung Ihres Gesprächspartners abhängig. Viele Eröffnungen sind möglich; vermeiden sollten Sie allerdings negative Eröffnungen wie «Was quält sie?», «Was ist Ihr Problem?» und ähnliches. Entscheidender ist die Fähigkeit des Zuhörers, die Informationen vollständig zu sammeln und zu erkennen, was das eigentliche Thema Ihres Gesprächspartners ist:

- Geht es um ein inneres Problem – Hat Ihr Gesprächspartner Schwierigkeiten mit sich selbst?
- Geht es um ein Beziehungsproblem – Hat Ihr Gesprächspartner Probleme mit anderen Menschen?
- Geht es bei Ihnen als Zuhörer drunter und drüber – Sie kommen nicht mehr mit?

Wenn Sie das merken, ist es selbst in einem Privatgespräch unter Freunden hilfreich, ein Blatt für Notizen zu benutzen. Dadurch gestalten Sie Ihre Gespräche professionell, d.h. alle wichtigen Informationen werden festgehalten und Sie vermeiden die Fehler vom Typ 1 und 2. Gerade im beruflichen Kontext, z.B. bei Besprechungen, erweist sich das schriftliche Festhalten wichtiger Informationen als sehr effizient für das Treffen von Entscheidungen und die Umsetzung in Aktivitäten. Es wird Ihnen als fehlende Wertschätzung ausgelegt, wenn Ihre Gesprächspartner merken, dass Sie unaufmerksam sind und Fragen wiederholen, weil Sie die Antworten nicht gespeichert haben.

Arbeiten Sie lieber an einem Thema anstatt an mehreren gleichzeitig; reduzieren Sie die Komplexität, indem Sie Ihren Gesprächspartner nach dem Wissen um alle relevanten Themen bitten, sich auf ein Thema zu konzentrieren, das ihm besonders wichtig ist oder ihn dringend beschäftigt.

Nachdem Sie Ihrem Gesprächspartner die Möglichkeit gegeben haben, zu erzählen und damit die innere Aufregung (gerade beim Erstgepräch) abklingen zu lassen, bitten Sie nun Ihren Gegenüber, das Thema zu bestimmen, über das er heute mit Ihnen sprechen möchte.

~

1B Mit welchem Thema wollen Sie konkret beginnen?

FALLBEISPIEL 1B

H. Schmitz: «… erst läßt der (Vorgesetzte) einen links liegen, dann wird man schikaniert und benachteiligt! Und am Ende bin ich der Dumme!»

Coach: «Na, nun mal eins nach dem anderen. Mit welchem Thema möchten Sie anfangen?»

H. Schmitz: «Also, ich habe den Eindruck, ich werde regelgerecht schikaniert! Lange mache ich das nicht mehr mit!»

Die Entscheidung Ihres Gesprächspartners bestimmt das Thema des Gesprächs. Wenn sie einander noch nicht kennen, kann es sein, dass zunächst ein einfacheres Problem angesprochen wird, weil Ihr Gesprächspartner Ihre Gesprächsfähigkeiten überprüfen will. Viele Menschen brauchen den Beweis Ihrer Kompetenz, um ihr Innerstes preiszugeben und sich vertrauensvoll zu öffnen. Freunde, Familienmitglieder und gute Bekannte sprechen ihre dringendsten Angelegenheiten sofort an, da eine gute Beziehung sowie eine Atmosphäre der Offenheit und des Vertrauens schon existiert. *Peu à peu* wird sich die Offenheit vergrößern, wenn Ihr Gesprächspartner merkt, dass Sie Ihm wirklich zuhören und in seine Welt eintauchen.

Man lindert oft sein Leid, indem man es erzählt.

PIERRE COMEILLE

1c Schildern Sie mir bitte eine konkrete Situation!

Es ist wichtig, dass Sie sich ein Bild von der Situation machen können, da es sowohl Ihr Einfühlungsvermögen unterstützt, als auch Hinweise gibt, welche Faktoren das Lösen von dem Problem hemmen oder fördern.

FALLBEISPIEL 1C

Coach: «Sie sagen, Sie fühlen sich schikaniert. Schildern Sie mir doch bitte eine konkrete Situation, in der Sie sich schikaniert gefühlt haben!»

Die Frage nach einer konkreten Situation, sei es eine Problemsituation oder eine Frage nach der erfolgreichen Ausnahme von dem Problem, ist eine der wichtigsten Fragen im verhaltenspsychologischen Repertoire.

Sie können bei sich durch die Rekonstruktion erfolgreicher Ausnahmen von dem Problem Lösungsmotivation aufbauen. Der Grund dafür liegt in der Speicherform unseres Gedächtnisses. Dort werden durch chemische Veränderungen Erfahrungen bildhaft gespeichert und lassen sich somit hervorragend in ‹Situationsbildern› wie in einem Filmausschnitt abrufen. Beim Abruf werden zugleich die gespeicherten Gedanken, Gefühle und Handlungsweisen aktiviert, wenn auch ein subjektiver Filter das Erlebte individuell ‹einfärbt›. Nur wenn Sie die Details solcher Situationen erfragen, haben Sie ein klares Bild von Anfang bis Ende der Situation vor Augen und können als Zuhörer Wahrnehmungs- und Urteilsverzerrungen vermeiden.

Welche Wahrnehmungs- und Urteilsverzerrungen uns beeinflussen, darüber gibt z.B. HOBMAIR (1997) Auskunft:

- Wir sehen nicht Verhalten, sondern interpretieren sofort Eigenschaften. Beispiel: Otto wippt mit den Beinen d.h. Otto ist nervös.
- Unzulässige Verallgemeinerungen: «Immer musst Du hast mich unterbrechen!»

- Selektive Wahrnehmung – wir sehen nur das, was zu unserem ‹Wissen› paßt. Beispiel: Hält ein Lehrer einen Schüler aufgrund von Vorinformationen oder aufgrund des Phänomens des ersten Eindrucks für intelligent, so neigt er dazu, Aussagen dieses Schülers als besonders intelligent wahrzunehmen und dumme Bemerkungen als Ausrutscher zu interpretieren (Pygmalion-Effekt).
- Wir sehen keine Individuen, sondern Rollenträger.
  Beispiele: Lehrer, Schüler, Beamte, Wessis, Obdachlose, Frauen und Männer, Deutsche und Ausländer. Dabei nehmen wir eher ‹Typisches› wahr, z.B. ‹Ein typisch japanischer Tourist hat ...›, ‹Beamte sind ...›.
- Ähnlichkeit schafft Sympathie und Nähe, Kontrastpositionen erzeugen Distanz. Ein (un)sympathischer 1. Eindruck wird überbewertet und verfälscht den Informationsverarbeitungsprozeß.
- Projektive Wahrnehmung – wir sehen, was wir uns wünschen.
  Beispiel Kinderstreit: ‹Mein Sohn ist brav, der andere hat den Streit angefangen.›
- Als Folge all unserer Bedürfnisse, Erfahrungen, Gefühle und Gedächtnisinhalte betrachten wir die Welt durch eine subjektive ‹Brille›, sei es der Schokoladenriegel oder ‹die längste Praline der Welt›, das halbvolle oder halbleere Glas.

Diese wie andere Verzerrungen in der Wahrnehmung von Personen und Gruppen sind uns oft nicht bewußt. Wir glauben, dass die Realität genauso beschaffen ist, wie wir sie sehen. In jeder Phase der zwischenmenschlichen Begegnung spielen diese Verzerrungen jedoch eine wichtige und nicht zu unterschätzende Rolle; sie zu vermeiden, erhöht Ihre Gesprächskompetenz.

… und jetzt Sie!
Probieren Sie diese Fragen zunächst an sich selbst aus. Kommen Sie mit sich ins Gespräch und notieren Sie Ihre Antworten zu 1A (meine Themen) und 1B (mein Thema, an dem ich *live* das ganze Buch hindurch arbeite) und 1C (1-2 konkrete Situationen) stichpunktartig in diesem Feld!

Die Fragen in den Kapiteln 3 bis 6 werden Ihnen helfen, Ihr Bild von Situationen zu schärfen.

FALLBEISPIEL 1C ff.

H. Schmitz: «Kommt der doch gestern reingestürzt und sagt zu mir:
Machen Sie mir bitte schnell die Unterlagen für den Kunden B. fertig. Die brauche ich in einer Stunde mit entsprechender Kalkulation. Das muß man sich mal vorstellen, eine Stunde! Als ob ich nichts zu tun hätte!»

Als Zuhörer fördern Sie das Beschreiben erlebter Situationen durch nichtsprachliche, sogenannte nonverbale Verstärker.

II. 2. Nonverbale Gesprächsverstärker

2A Suchen Sie den Augenkontakt!
2B Lächeln Sie und bestätigen Sie Gesagtes durch Kopfnicken!
2C Nehmen Sie gleiche oder komplementäre Körperhaltungen wie Ihr Gesprächspartner ein!

Unter den vielen Möglichkeiten, bewußt körperliche Signale zu senden, sind die drei oben Beschriebenen ausgewählt, da sie starken Einfluß auf Ihren Gesprächspartner und die Beziehung zwischen den Beteiligten nehmen. Durch intensiven Augenkontakt signalisieren Sie Interesse und Aufmerksamkeit. Experimentieren Sie damit, indem Sie bei Ihrem nächsten alltäglichen Gespräch mit Absicht nicht obige Möglichkeiten der Verstärkung benutzen.

~

2A Suchen Sie den Augenkontakt!

Schauen Sie im Verlaufe eines Gesprächs nicht in die Augen! Sehen Sie überall hin, aber nicht in die Augen und achten Sie darauf, wie Ihr Gegenüber reagiert! Fragen Sie nach dem Gespräch, ob Ihrem Gesprächspartner etwas aufgefallen ist, ob heute etwas anders war als sonst.

~

2B Lächeln Sie und bestätigen Sie Gesagtes durch Kopfnicken!

Schauen Sie Ihrem Gesprächspartner zwar in die Augen, aber unterlassen Sie, soweit Sie es schaffen, das Nicken und das Lächeln; beobachten Sie, wie sich das auf den Redefluß Ihres Gesprächspartners auswirkt.

Sie können auch bewußt eine andere Körperhaltung als Ihr Gesprächspartner einnehmen und daraufhin die gleiche bzw. eine komplementäre. Mit dem Wort ‹komplementär› ist in diesem Zusammenhang gemeint, dass Sie sich in ihrer Körperhaltung ergänzen. Neigt sich die eine z.B. nach vorne, so lehnt sich die andere zurück. Die Einnahme einer ähnlichen Körperhaltung signalisiert Einverständnis und Ähnlichkeit, und das schafft bekanntermaßen

Sympathie. Sympathie wiederum bewirkt Vertrauen und Offenheit und dies ist die Grundbedingung für Gespräche im Konsens, Freundschaften, Teamatmosphäre und ein gesundes Arbeitsklima.

~

2c Nehmen Sie gleiche oder komplementäre Körperhaltungen wie Ihr Gesprächspartner ein!

Sitzt jemand sehr ordentlich vor Ihnen, ‹flezen› Sie sich auf dem Stuhl herum, sitzt Ihr Gegenüber sehr leger auf seinem Stuhl, setzen Sie sich einmal kerzengerade hin. Achten Sie darauf, wie das Gespräch verläuft und ob sich Körperhaltungen anpassen oder nicht.

Auch für Telefonate gilt das ABC der nonverbalen Gesprächsverstärker. Anstelle des Augenkontaktes und des Nickens tritt ein positiver Stimmlaut (‹Hmm!›, ‹Hmmmm!› oder ‹Hmmm Hmmm!›). Er signalisiert Anwesenheit und Zustimmung.

Das Lächeln ist weiterhin ein nützliches Instrument, um den Redefluß des Gegenübers zu fördern, obwohl Sie ihn nicht vor sich sehen. Ja, es ist wahr: Sie merken es tatsächlich, wenn am Ende der Leitung beim Sprechen gelächelt wird und Ihre Gesprächspartner bemerken genauso, ob Sie lächeln oder traurig gestimmt sind. Geübte Telefonierer können am Klang der Stimme sogar hören, ob der Gesprächspartner am anderen Ende der Leitung sitzt oder liegt.

Riesige Fortschritte in der Fähigkeit des Zuhörens erzielen Sie, wenn Sie sich eine Grundannahme zu eigen machen: Wir werden nie die Experten für das Leben eines anderen Menschen sein! Deswegen ist es nicht ratsam, die eigenen Interpretationen und Lösungen im Verhältnis 1:1 auf die Lebenswelt anderer in Form guter Ratschläge zu übertragen. Statt eigene Lösungsvorschläge zu unterbreiten, ist es hilfreicher, weitere Details von Situationen zu erfragen, da hier zusätzliche Schlüssel zu den Zielen und Lösungswegen verborgen liegen, die dem Gesprächspartner vielleicht gar nicht bewußt sind. Die Details erfahren Sie, indem Sie Ihre Gesprächspartner bitten, Ihnen eine konkrete Situation möglichst detailliert und konkret von Anfang an bis zum Ende zu schildern.

Im weiteren Gesprächsverlauf gilt es, den Gesprächspartner so zu leiten, dass Sie die Situation wie eine Filmsequenz lückenlos vor Augen haben und dabei die wichtigsten Verhaltensweisen, Gedanken, Gefühle und Bewertungen Ihres Gegenübers kennen.

II. 3. Fragen nach Verhalten

3A Was machten Sie? Was sagten Sie?
3B Und dann? Wie ging es weiter?
3C Wie war die Reaktion? Was sagte (machte) die andere Person daraufhin?

Psychologie als *Wissenschaft vom Verhalten und Erleben* (HOBMAIR, 1997) unterscheidet die beobachtbaren Anteile (Verhalten) von denen, die Menschen nur an sich selbst wahrnehmen können (Gedanken und Gefühle).

Alles, was Sie als Zuhörer aus Situationsschilderungen aufnehmen, können Sie in eine der drei Kategorien Verhalten, Gedanken oder Gefühle einordnen. Ihre eigenen Erfahrungen werden Ihnen sagen, wenn Ihr Gesprächspartner bei der Schilderung der Situation eine der drei Gruppierungen ausgelassen hat. Das Auslassen von zu erwartenden Inhalten ist von großem Interesse, da viele Begebenheiten nicht zufällig ausgelassen werden. Vielfach liegt hier ein besonders wichtiges oder unangenehmes Moment, d.h. der Schlüssel zu einem wichtigen Teil der Lösungswelt. Für die moderne Verhaltenspsychologie sind diese drei Bausteine der Erfassung der menschlichen Psyche über Gedanken, Gefühle und Verhalten der Königsweg der Problemerfassung.

Wissenschaftliche Befunde (GRAWE u.a., 1994) bestätigen die Wirksamkeit und Effektivität dieser Vorgehensweise in vielen Bereichen. Man braucht nicht in die Vergangenheit zu gehen, wie es die Vertreter der Psychoanalyse (‹Seelenzergliederung›, begründet von S. FREUD Anfang des 20. Jahrhunderts) praktizieren, um Probleme in Lösungen zu überführen. Die hier vorgestellten Leitfragen haben den Vorteil, dass sie sowohl für die Beschreibung von problematisch empfundenen Situationen als auch für die lösungsorientierte Erfassung von Ausnahmen von den Problemen (s. Kap. 11) von Nutzen sind.

3A Was machten Sie? Was sagten Sie?

Fallbeispiel 3A

Coach: «Also, wenn ich Sie richtig verstanden habe, betrat Ihr Vorgesetzter das Zimmer und bat Sie, in einer Stunde die Unterlagen inclusive einer Kalkulation zusammenzustellen. Ist das richtig?»
H.Schmitz: «Ja, so war es!»
Coach: «Was antworteten Sie?»
H. Schmitz: «Eine Stunde ist aber ganz schön eng.»
Coach: «Und Ihr Vorgesetzter daraufhin?»
H. Schmitz: «Der sagte, so etwas wie: Ich zähle da ganz auf Sie!»
Coach: «Was machten Sie daraufhin?»
H. Schmitz: «Na ja, was sollte ich machen! Ich runzelte die Stirn und murmelte so etwas wie: Na, schön, dann woll'n wir mal schauen!»

~

3B Und dann? Wie ging es weiter?

Diese wirklich einfach zu behaltenden Fragen haben eine erstaunlich vielfältige Wirkung: Sie brauchen nicht viel Ihrer Aufmerksamkeit, sie minimieren Ihren Redeanteil, was Ihre Gesprächspartner Ihnen hoch anrechnen werden, und sie vermögen eine Schilderung der Situation in der zeitlich korrekten Reihenfolge zu bewirken. Dies führt zu nahezu kompletten und wenig fehlerbelasteten Situationsschilderungen.

Fallbeispiel 3B

Coach: «Und wie ging es weiter?»
H.Schmitz: «Der Chef wieder raus und ich, wütend, sage ich Ihnen!»
Coach: «Und dann?»
H. Schmitz: «Geflucht habe ich und erst mal den Kasulke angerufen, der ist noch schlimmer dran, zu dem kommt der Chef meistens zuerst!»

3c Wie war die Reaktion? Was sagte (machte) die andere Person daraufhin?

Diese Frage wird sich Ihnen förmlich aufdrängen, wenn Ihnen beim Hören der Situationsschilderung nicht klar ist, was die anderen Beteiligten sagten oder machten. Diese Frage dient der Komplettierung der Situationsschilderung und der Sensibilisierung des Gesprächspartners für die Reaktionen der anderen.

FALLBEISPIEL 3C

Coach: «Und wie war die Reaktion Ihres Vorgesetzten, als Sie sagten: Na schön, dann wollen wir mal schauen!»

H. Schmitz: «Der hat genickt, der war zufrieden, hat ‹Prima!› oder so etwas gesagt und ist dann raus!»

Coach: «Und wie ging es dann weiter?»

H. Schmitz: «Nach dem Gespräch mit dem Kasulke mußte ich mich sputen, und dann habe ich in kürzester Zeit Folien erstellt, eine Mappe zurecht gelegt und eine Grobkalkulation für zwei mögliche Szenarien ausgearbeitet.»

Coach: «Und dann?»

H. Schmitz: «Dann bin ich rüber und war fertig, bevor der Kunde im Haus war. Der Vorgesetzte hat sich das kurz angeschaut, sich bei mir bedankt und das war's dann!»

In diesem Fallbeispiel wird deutlich, dass sich Herr Schmitz auf die sprachliche Ebene des Coaches einläßt und dessen Wortwahl übernimmt. Dies ist ebenso wie die Offenheit ein Zeichen dafür, dass die Beziehung zwischen den Gesprächspartnern in Ordnung ist und die Dienstleistung des Coaches akzeptiert wird, was eine wichtige Grundlage für spätere Verhaltensänderungen ist.

In der psychologischen Schule des Behaviorismus (*Psychologische Lehre des Verhaltens*, begründet von WATSON, 1913) ist das Interesse ausschließlich auf das sichtbare äußere Verhalten des Individuums und seiner Umgebung gerichtet. Das vorrangige Ziel der klassischen Verhaltensanalyse ist es, zu verstehen, wie bestimmte Stimuli (Reize) in der Umwelt bestimmte Reaktionen auslösen.

Im Englischen läßt sich das gut als *ABC's of Behavioristic Psychology* ausdrücken:

A steht für *antecedent conditions*, d.s. vorhergehende Rahmenbedingungen,

B steht für *behavioral response*, die Antwort auf Verhaltensebene, der wiederum,

C *consequences*, Konsequenzen, folgen.

Nahezu alle Situationen lassen sich mit verhaltensorientierten Fragen sehr gut erfassen. Zudem sind sie sehr hilfreich, wenn es darum geht, unvollständige Äußerungen zu komplettieren. Das folgende Beispiel und die Aufgabe geben Ihnen die Möglichkeit, diese Technik zu erproben. Das Erfragen unvollständiger Situationen ist wichtig, damit sich unser Bild als Zuhörer mit Informationen füllt. Es lenkt unsere Aufmerksamkeit darauf, was uns fehlt, um eine Situation von Beginn bis zum Ende mit den Augen und Gefühlen unseres Gesprächspartners zu betrachten.

Beispiele für das Nachfragen bei unvollständigen Sätzen:

Unvollständiger Satz	Nach-Fragen
«Das ist schwer.»	«Was genau ist schwer?» «Wie zeigt sich das?»
«Mir geht es schlechter.»	«Wie genau zeigt sich das?» «Woran merken Sie das?»
«Ich war wütend!»	«Worauf? Auf wen?» «Was haben Sie dann gemacht?»

… und jetzt Sie!
Präzisieren Sie die Wirklichkeit mit Hilfe der Sprache. (Auflösung S. 137)

Er nörgelt.

Man hört kein gutes Wort.

Mein Frust nimmt zu.

Ich mach' das nicht mehr mit.

Haben sich vielleicht einige ‹Warum›-Fragen eingeschlichen?

Diese Fragen haben den Nachteil, dass sie von der aktuellen Situation ablenken, oder als Anklage empfunden werden («Warum hast Du so etwas (Dummes, Böses) nur gemacht?»). Zudem ereignen sich Verhaltenssequenzen zumeist unbewußt, so dass eine Antwort auf diese Frage erst neu konstruiert werden muß. Haben sich keine ‹Warum›-Fragen eingeschlichen? Dann ein großes Kompliment an Sie!

Es ist nicht nur von großer Bedeutung, das beobachtbare Verhalten an sich, sondern auch die Gedanken und Gefühle zu kennen, die das Verhalten begleiten. Denn sowohl Gefühlszustände (z.B. Stimmungen von traurig bis fröhlich), Streßzustände (z.B. von ruhig bis hektisch) und Bedürfniszustände (Hunger, Durst, Anerkennung, Sicherheit, Sinn) wie auch unsere Gedanken sind permanent aktiv.

Für DREES (1997) sind Stimmungen die wichtigsten psychosomatischen (die Wechselwirkung von Psyche und Körper betreffenden) Einflußfaktoren auf das Lebensgefühl, denn sie besitzen eine vorstrukturierende Kraft. Damit fördern sie die selektive Wahrnehmung und nehmen auch einen großen Einfluß auf die Beschreibung vergangener Situationen.

Diese kann Menschen bewegen, bei negativen Stimmungen in die Problemfokussierung zu gleiten, alles negativ zu sehen und in einer klagenden Stimmung zu verharren oder aber – was natürlich viel angenehmer ist – bei positiven Stimmungen in einer Lösungsorientierung zu verbleiben. Deswegen ist es wichtig zu erfassen, welche Gedanken und welche Gefühle das Verhalten begleiteten.

II. 4. Fragen nach Gedanken

4A Was ging Ihnen an dieser Stelle durch den Kopf?
4B Welche Gedanken führten dazu, dass sie dies sagten (machten)?
4C Was ging in Ihnen vor?

Wenn Sie nun Kommunikation und Handlungen kennen, besteht der nächste Schritt darin, die Gefühle auslösenden bzw. aktionsbestimmenden Gedanken zu erfassen. GARDNER (1989) nimmt an, dass der Mensch als denkendes Wesen seine Handlungen plant, sich für eine der Möglichkeiten entscheidet und danach ausführt.

Die Frage 4C ist bewußt offen gehalten, so dass Ihr Gesprächspartner Ihnen ebenso gut Gedanken wie Gefühle nennen kann, die ihn bewegten.

FALLBEISPIEL 4ABC

Coach: «Was ging Ihnen durch den Kopf, als Ihr Vorgesetzter Ihnen den Auftrag erteilte?»
H.Schmitz: «Unmöglich, das zu schaffen! Immer kommt er erst in der letzten Minute mit solchen Sachen. Das macht der mit Absicht!»
Coach: «Und welche Gedanken gingen Ihnen durch den Kopf, als Sie sagten: Jawohl, das mache ich, obwohl die Zeit knapp ist?»
H. Schmitz: «Mal nachdenken … da habe ich im Geiste schon einmal überlegt, wo ich eine ähnliche Kalkulation finde, die ich zugrunde legen kann.»
Coach: «Aber zunächst nahmen Sie sich noch die Zeit und riefen den Kasulke an?»
H. Schmitz: «Ja, ich mußte das erst einmal rauslassen, sonst kann ich keinen klaren Gedanken fassen!»
Coach: «Was ging da in Ihnen vor, während des Telefonats?»
H. Schmitz: «Ich war da so richtig wütend, und am Ende war ich sauer, aber nicht mehr so sehr!»

Die Kognitionen sind entscheidend für das Erleben der Situationen, deshalb möchte ich Ihnen hier den Raum geben, Ihr ABC der Gedanken zu notieren.

… und jetzt Sie!

Erinnern Sie sich an Ihr Thema aus 1B. Denken Sie an eine bestimmte Situation und tragen Sie bitte Ihre Gedanken, die Ihnen in der Situation durch den Kopf gingen, in diesen Kasten ein:

Meichenbaum (1977) hat einen aus drei Phasen bestehenden Prozeß der Neustrukturierung von Gedanken vorgeschlagen:

Die 1. Phase besteht aus dem Bewußtmachen der problematischen Gedanken und ermöglicht zunächst ein Gefühl der Steigerung der Kontrolle über die Situation.

Die 2. Phase entspricht dem lösungsorientierten Ansatz, neue Gedanken und Verhaltensweisen zu bestimmen, um angestrebte Ziele zu erreichen. Eine konkrete Formulierung der 2. Phase bietet z. B. der Ansatz von Satir (1977). Danach kann man davon ausgehen, dass sich hinter allen Äußerungen Regeln befinden.

Diese Regeln enthalten Worte wie ‹sollte›, ‹muß›, ‹nie› und ‹immer› und werden in Verbindung gebracht mit «Du solltest besser …, sonst wird … passieren!» Für ein Kind z.B. liegt die schrecklichste aller Bedrohungen darin, nicht mehr geliebt oder fortgeschickt zu werden. In diesem Zusammenhang werden die Regeln zum Zwang; sie müssen eingehalten werden, um zu überleben bzw. geliebt zu werden. Satir mit ihrem überaus positiven Menschenbild sagt voraus, dass Menschen diese unmenschlichen Regeln eines Tages durch die Entwicklung der fünf Freiheiten überwinden werden.

Die Fünf Freiheiten nach Virginia Satir:

Sehen und hören, was wirklich ist, nicht, was sein sollte.
Sagen, was ich denke, nicht, was ich denken sollte.
Fühlen, was ich wirklich fühle,
nicht, was ich fühlen sollte.
Fordern, was ich möchte,
nicht immer erst auf Erlaubnis warten.
Risiken eingehen, ohne mich immer erst abzusichern.

Die Umwandlung von einengenden Regeln, die ja nach Satir (1995) die Ausgangsbasis für beobachtbares Verhalten sind, in Freiheiten ist wünschenswert für alle Situationen, in denen wir uns im Alltag blockiert fühlen. Deshalb entwickelte Virginia Satir eine Methode zur Umwandlung von hemmenden Regeln in förderliche Leitlinien mit Hilfe von drei Schritten. Das Grundprinzip liegt darin, den Zwang der Regel aufzuheben und die darin liegende Botschaft als eine Wahlmöglichkeit zu betrachten.

Ausgangsregel: ‹*Ich sollte niemals Fragen stellen.*›
Hintergrund dieser Regel, die z.B. einen Schüler vom Nachfragen bei Nicht-Verstehen abhält, können Befürchtungen sein, dass ihn alle für doof halten, über ihn lachen und er von dem Lehrer daraufhin schlecht bewertet wird.

Schritt 1:
Das ‹sollte› oder ‹muß› wird in ein ‹kann› verwandelt. So wird die Basis zu einer Erweiterung der Wahlmöglichkeiten geschaffen.

«Ich kann niemals Fragen stellen.»

Schritt 2:
Ein ‹darf nicht› oder ‹kann nicht› wird umgewandelt in ein ‹kann wahrscheinlich›, ein ‹niemals› oder ‹immer› in ein ‹manchmal›.

«Ich kann wahrscheinlich Fragen stellen.»
«Ich kann manchmal Fragen stellen.»

Schritt 3:
Jetzt wird das ‹Ich kann› um drei oder mehr Möglichkeiten erweitert, indem die genauen Bedingungen mit ‹wenn …› beschrieben werden.

«Ich kann Fragen stellen, wenn ich bei einem bestimmten Lehrer Unterricht habe, wenn jemand vor mir eine Frage gestellt habe oder wenn ich einen Gedankengang überprüfen möchte.»

Freiheit bedeutet Verantwortlichkeit. Das ist der Grund, weshalb die meisten Menschen sich vor ihr fürchten.

George Bernhard Shaw

Meichenbaum (1975) selbst unterscheidet verschiedene Gruppen von Gedanken, die z. B. der Bewältigung von Ängsten dienen:

- Gedanken zur Vorbereitung auf eine Situation
  ‹Ich kann und werde einen Plan entwerfen.›
  ‹Ich denke besser über meine Handlungsmöglichkeiten nach. Das ist besser, als nervös zu werden.›
  Keine negativen selbstbezogenen Aussagen. Statt dessen:
  ‹Ich bleibe ruhig und denke an eine Lösung!›

- Konfrontationen
  Immer nur Schritt für Schritt:
  ‹Ich kann mit dieser Situation fertig werden.›
  Entspannen und tief durchatmen: ‹Aaaahhh, gut!›

- Bewältigung (coping)
  ‹Wenn die Angst kommt, einfach kurz innehalten!›
  ‹Konzentriere Dich auf das, was ansteht. Was ist zu tun?›
  ‹Das ist nicht das Schlimmste, was passieren kann!›
  ‹Denk' einfach an etwas anderes!›

- Selbstverstärkung
  ‹Es hat geklappt, ich habe es geschafft.›
  ‹Es war nicht so schlimm, wie ich es erwartet habe.›
  ‹Ich freue mich wirklich über die Fortschritte, die ich mache.›

In der 3. Phase schätzen die Menschen nach Meichenbaum die Konsequenzen ihres neu erprobten Verhaltens ein. Dieser Ansatz bewirkt die Einführung neuer Kognitionen, die unvereinbar sind mit den bisher hemmenden. Die Menschen bemerken die Veränderung und konstruieren unter dem Einfluß ihrer Erfolgserlebnisse ihr Selbstbild neu. Der lösungsorientierte Ansatz bietet dazu eine Fülle von Fragen (s. a. Kapitel 10: Skalenfragen), die den Vergleich erleichtern helfen.

Wie Gedanken und Gefühle zusammenspielen, ist noch nicht zweifelsfrei erwiesen. Beispielsweise können wir jemand erst nach einer Analyse einer Situation mögen oder nicht mögen; demnach wären Gefühle den Gedanken nachgeordnet. Eine davon abweichende Sichtweise behauptet, dass Gefühle nicht notwendigerweise von Gedanken abgeleitet werden, sondern unmittelbare Reaktionen auf Reize der Umwelt sind. Wir mögen z.B. jemand spontan oder können ihn nicht leiden, wie ZAJONC (1980) herausfand. Egal welcher Sichtweise Sie zustimmen, es ist außerordentlich wichtig, die Gefühle unserer Gesprächspartner in Erfahrung zu bringen.

II. 5. Fragen nach Gefühlen

5A Welches Gefühl würde Ihren inneren Zustand am besten wiedergeben?
5B War das Ihr erstes Gefühl in diesem Moment?
5C Was fühlten wohl die anderen Beteiligten?

Die blitzschnelle Abfolge der Wahrnehmung von Situationen oder Personen, von eigenen physiologischen Veränderungen (Herzklopfen, Verspannungen, Schwitzen, Erröten etc.) und von Gedanken und Handlungsmöglichkeiten innerhalb einer von gesellschaftlichen Normen geprägten Situation führt zu Gefühlsempfindungen.

Davon zu unterscheiden ist die Bewertung von Situationen oder Gefühlen. Die Frage «Wie geht es Ihnen?» wird für gewöhnlich mit der vielgeübten Reaktion «Gut» beantwortet wird. Dies ist eine Bewertung der Gefühle und sagt wenig aus über die Intensität und die Qualität der Gefühle. Gerade aber das Benennen und Beschreiben von Gefühlen ist ein wichtiger Pfeiler für die persönliche Entwicklung, denn die Klarheit über die erlebten Gefühle ist eine Basis dafür, welche positiven Gefühle Sie anstreben.

~

5A Welches Gefühl würde Ihren inneren Zustand am besten wiedergeben?

Es ist – gerade für Männer – sehr schwer, Gefühle in Worte zu fassen und zudem die richtigen Worte zu finden. Deshalb ist es wichtig, die Nennung eines Gefühls dahingehend zu hinterfragen, ob das beschriebene Gefühl auch wirklich das erste bzw. leitende Gefühl in dieser Situation war. Denn oft verbirgt sich z.B. hinter dem Gefühl der Wut ein Gefühl der Furcht oder der Minderwertigkeit.

~

5B War das Ihr erstes Gefühl in diesem Moment?

Denken Sie nur an die Situation, in der eine Mutter nachts auf die Tochter wartet. Die Tochter wollte um Mitternacht zu Hause sein, jetzt ist es 0:30 Uhr und die Mutter kann nicht mehr ruhig liegen bleiben, wandert im Wohnzimmer umher und macht sich Sorgen. Als die Tochter die Wohnung betritt, was glauben Sie, welches Verhalten wird die Mutter dann an den Tag legen?

Oft verwandelt die Erleichterung die Furcht in eine Art Wut, und diese Emotion bekommt die Tochter zu spüren; sie spürt weniger die Sorge und Angst. Die Beziehung zwischen den beiden wird angespannter, als sie wäre, wenn die Mutter ihre Sorge und Erleichterung zum Ausdruck gebracht hätte.

Deswegen ist es wichtig, das ursprüngliche Gefühl in Erfahrung zu bringen, damit diesem Ausdruck verliehen werden kann. Gleichzeitig werden in problematischen Situationen auch die Gefühle der anderen Beteiligten wahrgenommen bzw. im Nachhinein darüber ein Urteil gebildet.

5C Was fühlten wohl die anderen Beteiligten?

Die Antwort auf diese Frage ermöglicht ein Hineinversetzen in die Lage der anderen Beteiligten, was mit zeitlichem Abstand im Rückblick und ohne den akuten Adrenalinschub auch vielfach möglich und fruchtbar ist. Durch diesen Rollenwechsel wird zugleich wird eine Distanz zur eigenen Position erzeugt, die eine kritische Reflexion der Handlungen und Worte zur Folge hat.

Welche Worte lassen sich für Gefühle finden?

Wut, Schmerz, Furcht, Verzweiflung, Ekel, Abscheu, Mitleid, Trauer, Entsetzen, Unlust, Sorge, Angst, Haß, Eifersucht auf der einen Seite, Lust, Freude, Entzücken, Liebe auf der anderen Seite.

… und jetzt Sie!
Nutzen Sie den hier verfügbaren Raum und notieren Sie Ihre Gefühle im Rückblick auf die von Ihnen gewählte Situation.

Mein ABC der Gefühle:

Achten Sie bitte darauf, ob vor einem aggressiven Gefühl vielleicht ein Gefühl der Minderwertigkeit, Ohnmacht, des Sich-klein-Fühlens besteht. Diese Unterscheidung ist sehr wichtig, denn wenn es darum geht, sich von dem unerwünschten Zustand zu verabschieden und die eigenen Ziele zu bestimmen und sich den wunderbaren Zustand vorzustellen, in dem das Problem verschwunden ist, macht es einen gewaltigen Unterschied, ob sie sich z.B. gleichberechtigt und geschätzt fühlen wollen oder ob Sie voller Rachepläne Menschen schlagen oder töten wollen!

Coach: «Am Ende des Telefonats mit Ihrem Kollegen waren Sie nicht mehr so sauer, das Telefonat machte für Sie einen wichtigen Unterschied zum Zustand davor, ist das richtig?»

H. Schmitz: «Ja, das ist richtig!»

Coach: «Welches Gefühl würde Ihren inneren Zustand am besten beschreiben, als Sie Ihre Arbeit beendet hatten und sich auf den Weg zu Ihrem Vorgesetzten machten?»

H. Schmitz: «Mal nachdenken, ich war aufgeregt und mir schossen viele Gedanken durch den Kopf; ich wollte natürlich, dass er es gut fand und war auch noch wütend, dass ich so überfallen wurde.»

Coach: «Gab es da außer der Wut noch ein anderes Gefühl, was vielleicht zuerst da war?»

H. Schmitz: «Na ja, ein bißchen ängstlich war ich schon, man könne meine Abneigung gegen ihn vielleicht in meinem Gesicht ablesen!»

Coach: «Ah ja, O.K. Und dann haben Sie Ihre Arbeit abgegeben. Wissen Sie, was Ihr Vorgesetzter gedacht oder gefühlt hat?»

H. Schmitz: «Na, er erschien erleichtert und hat sich offensichtlich gefreut, dass ich das geschafft habe und wir vor dem Kunden nicht mit leeren Händen dastehen.»

Coach: «Und wie ging es Ihnen, als Sie das Zimmer Ihres Vorgesetzten verließen?»

H. Schmitz: «Ich war ganz zufrieden mit meiner Arbeit und habe mir erst einmal ein Tässchen Kaffee gegönnt!»

Coach: «Und wie ging es Ihnen bei den Worten Ihres Vorgesetzten?»

H. Schmitz: «Da fiel mir eine Last von den Schultern und ja, ein bißchen habe ich mich auch gefreut!»

Mit den Fragen nach Verhalten, Gedanken und Gefühlen erhalten wir die Sichtweise eines Menschen. Es gibt jedoch weitere Quellen, die, selbst wenn Sie nicht persönlich im gerade stattfindenden Gespräch oder in der besprochenen Situation anwesend waren, Informationen über die vorhandene Situation und die anwesende Person geben können. Diese Quelle ist sehr wertvoll für das Problemgespräch, insbesondere aber für das Lösungsgespräch! Diese Fragen nennt man auch ‹Zirkuläre Fragen›.

II. 6. Zirkuläre Fragen – Fragen nach der Sichtweise wichtiger Anderer

6A Was würde Ihre liebste Bezugsperson dazu sagen, wenn sie hier und jetzt anwesend wäre?
6B Haben Sie mit jemandem über diese Situation gesprochen? Was hat diese Person gesagt?
6C Angenommen, wir würden XY fragen, woran wird er/sie als erstes erkennen, dass sich an ihrem Problem nichts/etwas geändert hat?

Anstelle Menschen direkt nach ihrem Verhalten, ihren Fähigkeiten und Reserven zu fragen (Selbstbild-Erhebung), gehen zirkuläre Fragen einen anderen Weg: Der Gesprächspartner wird aufgefordert zu beschreiben, wie ihn andere Personen sehen (d.h. es wird das vermutete Fremdbild erhoben) oder wie er glaubt, dass ihn andere Menschen sehen.

Was sind Ihre wichtigsten Bezugspersonen?
Haben Sie ein Haustier? Wie heißt es bzw. heißen Sie?
Gibt es einflußreiche Personen aus Ihrer Vergangenheit?
Welcher Star wollten Sie schon immer sein?

... und jetzt Sie!
Tragen Sie bitte die Namen ihrer zirkulären Gesprächspartner in den Kasten ein, auf deren Meinung Sie Wert legen!

Im Unterschied zur Erfassung des Fremdbildes, bei der eine andere Person direkt befragt wird, geht es beim vermuteten Fremdbild darum, wie derjenige glaubt, dass ihn andere Personen beschreiben. So können indirekt wichtige Bezugspersonen bzw. an der Situation beteiligte Personen in das Gespräch mit eingebunden werden, ohne dass sie tatsächlich anwesend sind.

In Systemen und Interaktionen ist es sehr wichtig, die Reaktionen aller zu einer Problematik gehörenden Personen zu erfassen, auch wenn diese in dem tatsächlich stattfindenden Gespräch oder in der zuvor beschriebenen Situation körperlich nicht anwesend sind bzw. waren. Denn Menschen neigen dazu, sich den Vorstellungen anderer Gesprächspartner von ihrer Person anzupassen im Sinne einer selbsterfüllenden Prophezeiung. Durch das Erfragen der Sichtweise guter Freunde oder Bezugspersonen können positive Faktoren ermittelt werden, die der Problembewältigung dienlich sind.

~

6A Was würden Ihre liebste Bezugspersonen sagen, wenn sie hier und jetzt anwesend wäre?

Mit den Fragen nach Verhalten, Gedanken und Gefühlen erhalten wir die Sichtweise eines Menschen. Es gibt jedoch weitere Quellen, die, selbst wenn Sie nicht persönlich im gerade stattfindenden Gespräch oder in der besprochenen Situation anwesend waren, Informationen über die vorhandene Situation und die anwesende Person geben können. Diese Quelle ist sehr wertvoll für das Problemgespräch, insbesondere aber für das Lösungsgespräch!

Fallbeispiel 6A

Coach: «Welche Personen oder vielleicht auch Tiere gibt es, die für Sie eine Bedeutung haben oder hatten?»

H.Schmitz: «Na ja, meine Frau, meine Tochter, meine Mutter ist tot, mein Vater, unser Hund Rex, mein alter Klassenlehrer, die fallen mir jetzt so spontan ein!»

Coach: «Gibt es auch einen Star, Musiker, Sportler, Schauspieler, den Sie klasse finden?»

H. Schmitz: «Mal nachdenken, John Wayne als Schauspieler vielleicht noch.»

Coach: «O.K. Starten wir mit John Wayne. Was würde John Wayne zu Ihrem Problem sagen, wenn er jetzt hier wäre?»

H. Schmitz: «(lachend) Er würde sagen: Stell Dich zum Duell. Laß Dir nichts gefallen. Mach reinen Tisch!»

Coach: «Was würde Ihr Vater zu der Schilderung Ihrer Situation sagen?»

H. Schmitz: «(nachdenklich, ernst) Er würde sagen: Stell Dich nicht so an! Dafür wirst Du doch bezahlt, die Anweisungen von Deinem Vorgesetzten auszuführen!»

Coach: «Und Ihre Tochter?»

H. Schmitz: «Die würde sagen: Papa, ärgere dich doch nicht schon wieder so.»

Coach: «Und was würde Ihrer Frau einfallen?»

H. Schmitz: «Die würde sagen: Laß mich in Ruhe, Du weißt, wie ich darüber denke!»

Coach: «Und wie denkt sie darüber?»

H. Schmitz: «Sie sagt: Geh hin und sag' Deinem Vorgesetzten, was Du anders haben möchtest oder such' Dir einen neuen Job!»

Coach: «O.K. Was würde Ihr Hund Ihnen bellen?»

H. Schmitz: «(lächelnd) Er würde sagen: Laß Dich mal von Deiner Leine und sei nicht so vorsichtig!»

Coach: «Also, wenn ich das richtig verstanden habe, dann sagen alle mit Ausnahme Ihres Vaters: Mach' was an der Situation. Ist das so?»

H. Schmitz: «Sieht ganz so aus!»

Mit Hilfe dieser Antworten werden zusätzliche Sichtweisen eröffnet, in der der Gesprächspartner in eine neue Rolle bei genauer Kenntnis der Situation und der darin handelnden Personen wechselt. Die Antworten geben Möglichkeiten zur Selbstreflexion: ‹Was glaube ich, wie mich z. B. meine Bezugspersonen sehen?›

… und jetzt Sie!
Was würden Ihre wichtigsten Bezugspersonen jetzt sagen? Notieren Sie hier die Sichtweisen wichtiger Bezugspersonen, seien es Menschen, Tiere, Partner der Vergangenheit oder der Star in Ihnen!

Noch besser ist es, zu wissen als zu glauben. Deswegen ist es wichtig zu erfahren, ob unsere Gesprächspartner sich an eine tatsächliche Rückmeldung erinnern können.

6B Haben Sie mit jemandem über diese Situation gesprochen?
Was hat diese Person gesagt?

Aus den Antworten auf diese Frage läßt sich erkennen, ob es Freunde oder andere Personen gibt, mit denen sich ihr Gesprächspartner zu seiner Zufriedenheit hilfreich austauscht und worin diese Hilfe besteht. Es entsteht eine weitere Sichtweise einer Situation, die wir als Zuhörer zu erfassen suchen. Die vermutete Fremdwahrnehmung (‹Wie, glaube ich, sehen mich andere Menschen?›) ist ein sehr wichtiger Faktor in der Selbstbeschreibung, da es über diesen Abstand vielen Menschen leichter fällt, sich selbst mit ihren Stärken und Schwächen zu beschreiben.

Fallbeispiel 6b

Coach: «Sie haben mit Ihrem Kollegen Kasulke gesprochen. Und was hat Kasulke gesagt?»

H. Schmitz: «Der sagte, ihm gehe es noch viel schlechter, ich solle froh sein!»

6c Angenommen, wir würden jemanden fragen, der sie kennt: Woran wird er/sie als erstes erkennen, dass sich an ihrem Problem nichts/etwas geändert hat?

Ziel dieser Frage ist es, einen Einblick in bestehende Wechselwirkungen von Sichtweisen zu erhalten und aus dieser Perspektive Lösungsmöglichkeiten zu entwickeln.

Diese Frage 6c können Sie wählen, wenn Sie aus den Fragen 6a und 6b keine Informationen erhalten. Sie ist zudem eine lösungsorientierte Frage, deren Einsatz von Schmidt (1995, in: S. de Shazer) gewürdigt wird. Er betont die Wichtigkeit zirkulärer Fragen in dem von ihm praktizierten lösungsorientierten Gesprächsstil gerade für die deutsche Kultur: «Oft hegen Patienten auch die Phantasie, man könnte ihnen nach schneller Veränderung vorwerfen, sie hätten viel früher mit der Symptomatik aufhören können, wenn sie sich nun als relativ leicht und schnell veränderbar erweist. … Hierfür hat es sich in der Anwendung lösungsorientierter Konzepte in der deutschen Kultur für mich bewährt, zwar einerseits stringent lösungsfokussiert zu arbeiten, aber mit vielen beziehungsorientierten hypothetischen zirkulären Fragen abzuklären, welche Bedeutungen und Auswirkungen in den Beziehungen es hätte, wenn nun die Ressourcen genutzt würden und schnell ein Erfolg eintreten würde.»

Fallbeispiel 6c

Coach: «Woran würde denn z.B. der Herr Kasulke erkennen, dass sich die Beziehung zu Ihrem Vorgesetzten ein Stück weit verbessert hat?»

H. Schmitz: «Nun, ich würde nicht mehr so viel meckern, hätte bessere Laune. Vielleicht würde ich auch nicht mehr so viel mit dem Kasulke telefonieren.»

Der Nebeneffekt zirkulärer Fragen ist die Distanzierung von dem Problem, die als eine wichtige Vorstufe zum Übergang in die Lösungsorientierung betrachtet werden kann.

II. 7. Distanzierung

7A Gab es in dieser Situation oder der Beziehung auch etwas Angenehmes oder Belustigendes, an das Sie sich erinnern können?

7B Erzählen Sie mir bitte von etwas Schönem, Angenehmen, das Sie erlebt haben, wie z.B. von einem lieben Menschen, Ihrem Lieblings-Urlaubsort, -Tier, -Musik, -Buch oder was Ihnen gerade einfällt!

7C Wie haben Sie es geschafft, das auszuhalten?

Wenn Sie die Problemstimmung bei Ihrem Gesprächspartner feststellen und ihm bei dem Wechsel in eine lächelnd-distanzierte Stimmung behilflich sein wollen, ist es nützlich, die Methode der Defokussierung (s.a. Drees, 1997) zu benutzen. De-Fokussierung meint ‹weg von einem Brennpunkt›; eine gezielt geplante und eingesetzte Ablenkung von einem problemfokussierten Zustand. Sie selbst kennen diese Methode vielleicht aus Ihrem Alltag als Eltern, z.B. wenn Ihr Kind hingefallen ist und sich weh getan hat. Sie können das Kind bitten, den Unfallhergang zu beschreiben (‹Wie ist das denn passiert?›). Eine Distanzierung innerhalb der Situation ermöglicht den Blick auf Sachverhalte zu lenken, die die negativ erlebten Emotionen ausblenden helfen.

~

7A Gab es in dieser Situation oder der Beziehung auch etwas Angenehmes oder Belustigendes, an dass Sie sich erinnern können?

Sie bleiben damit im Kontext dessen, was Ihr Gesprächspartner erzählt. Geht Ihr Gesprächspartner auf diese Frage ein, wird sich seine Stimmung automatisch heben – der Wechsel in die Lösungsorientierung ist vorbereitet.

Fallbeispiel 7A

Coach: «Gab's denn auch einmal eine Situation, in der Sie zusammen mit Ihrem Vorgesetzten etwas zu lachen hatten?»

H. Schmitz: «Da war doch …, auf der Weihnachtsfeier, genau (lächelnd), das war ein Spaß, da sind wir aufgetreten und haben ein Stück aus dem Unternehmen aufgeführt. Ganz kurz nur, aber auch die Proben waren in Ordnung.»

Ist der Wechsel durch diese Frage nicht möglich, so ist es von Vorteil, eine Pause einzulegen. Durch einen Wechsel des Raumes, das Anbieten von Getränken o.ä. wird bisweilen ein Wechsel der Stimmung assoziiert und dem Gesprächspartner der Einstieg in den Ausstieg aus der Problemstimmung erleichtert.

~

7B Erzählen Sie mir bitte von etwas Schönem, Angenehmen, das Sie erlebt haben, wie z.B. von einem lieben Menschen, Ihrem Lieblings-Urlaubsort, -Tier, -Musik, -Buch oder was Ihnen gerade einfällt!

Hier gilt es, an einer zuvor gehörten Information anzuknüpfen. Befinden Sie sich in den Räumen Ihres Gesprächspartners, können Sie Bilder, Einrichtungsgegenstände u.ä. als Aufhänger benutzen. Die für Ihren Gesprächspartner angenehme Geschichte ergänzen Sie bitte nicht nur durch Ihre Gestik und Mimik, sondern auch durch verbal ausgesprochene Komplimente (s.a. Kap. 13). Sie erreichen damit schneller Ihr Ziel, eine positive Grundstimmung für den Übergang in die Lösungsorientierung zu erzeugen.

FALLBEISPIEL 7B

Coach: «Sie haben bei einem Unternehmenstheater mitgemacht? Das ist ja innovativ. Erzählen Sie doch bitte einmal.»
H. Schmitz: «Das war folgendermaßen: Wir hatten damals ...»

Um die Distanzierung von der Problemstimmung zu fördern und einen entspannten Zustand herzustellen, ist die Unterscheidung zwischen der Person und dem Problem wichtig. Viele Menschen glauben unbewußt, dass sie das Problem sind. Aber nur ein winzig kleiner Teil der Persönlichkeit ist durch das Problem blockiert. Daher ist es wichtig, Abstand zu gewinnen und eine Sichtweise herzustellen, die die Fähigkeiten der Person als kompetenter Lösungsexperte in den Mittelpunkt rückt. Um Ihrem Gesprächspartner ein erstes Lächeln ins Gesicht zu zaubern, lassen sich in dieser Phase des Gesprächs Bewältigungsfragen einsetzen.

~

7c Wie haben Sie es geschafft, das auszuhalten?

Bewältigungsfragen machen die Fähigkeiten bewußt, die die Lösung von schwierigen Situationen der Vergangenheit gefördert haben. Durch die Betonung wird es möglich, die Aufmerksamkeit auf bisher verdeckte Fähigkeiten oder Strategien zu lenken, mit denen ein Aufschwung bzw. eine Lösung von dem Problem erreicht wurde. Wenn Sie Ihren Gesprächspartner fragen, woher er die Kraft genommen hat, das alles auszuhalten, erfahren Sie Ressourcen, die Sie anschließend nutzvoll in das Gespräch einbringen können. Wenn es galt, Rückschläge zu überwinden, wird z.B. durch die Frage: «Wie haben Sie es geschafft, diesen Rückschlag zu überwinden?» mit einem entsprechend echten und bewundernden Unterton die Aufmerksamkeit auf die Zeit nach dem Rückschlag und entsprechende Lösungsstrategien gelenkt.

Fallbeispiel 7c

Coach: «Sagen Sie einmal, woher nehmen Sie die eigentlich die Kraft, das jahrelang so auszuhalten?»

H. Schmitz: «Na ja, stimmt schon, das geht schon ein paar Jahre. Hmm, Zum einen hilft mir natürlich meine Familie. Hier auf der Arbeit stelle ich mir dann und wann mein Radio leise an und höre Klassik, dann vergesse ich die Sorgen und kann mich entspannt auf meine Arbeit konzentrieren.»

II. 8. Übergang zur Lösungsorientierung

8A Gibt es eine weitere Situation (ein weiteres Thema), über die Sie sich mit mir unterhalten möchten?
8B Worüber wir uns gerade unterhalten haben, ... wollen Sie daran wirklich etwas ändern?
8C Was sind Sie bereit zu tun, um sich von Ihren Problemen zu lösen?

Ziel dieser Gesprächsphase ist der Übergang bzw. Sprung aus der Problemstimmung in die Lösungsorientierung. Wenn Ihnen die zuvor beschriebene Situation klar und nachvollziehbar erscheint, so können Sie nach weiteren Situationen zu der angesprochenen Thematik fragen. Ihrem Gesprächspartner ist es natürlich freigestellt, eine oder mehrere Situationen zu ergänzen oder aber auch ein neues Thema zu besprechen. Gerade an dieser Stelle sind Notizen vonnöten, um Informationen aus verschiedenen Situationen nicht zu verwechseln.

~

8A Gibt es eine weitere Situation (ein weiteres Thema), über die Sie sich mit mir unterhalten möchten?

Damit stellen Sie sicher, dass sich Ihr Gesprächspartner alle belastenden Gefühle ‹von der Seele› reden kann. Dies erhöht die Wahrscheinlichkeit, dass ihm der Übergang in die Lösungsorientierung gelingt.

Fallbeispiel 8A

Coach: «Ich denke, ich weiß jetzt sehr gut Bescheid über diese Situation. Gibt es eine weitere Situation oder ein anderes Thema, über das Sie sich mit mir jetzt unterhalten wollen oder sollen wir an genau diesem Thema jetzt weiter arbeiten?»
H. Schmitz: «Oh, ich könnte noch einiges zu meinem Vorgesetzten erzählen. Aber lassen Sie uns direkt daran arbeiten!»

Die Fragen der vergangenen Kapitel lassen sich durch das nachfolgende Flußdiagramm veranschaulichen:

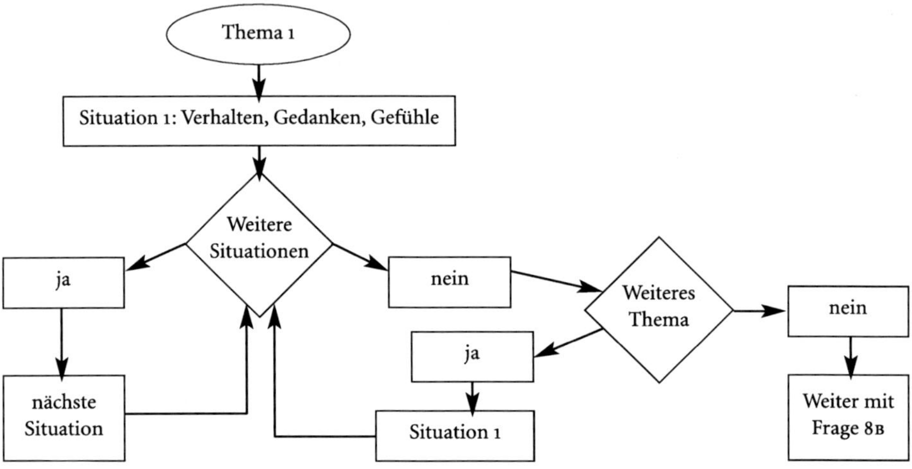

Erschwerend für den Übergang in die Lösungsorientierung wirkt sich die Problemstimmung aus, die sich aufgrund des Sprechens über Probleme eingestellt haben kann. Sie erkennen sie an einem traurigen Gesichtsausdruck, einer gedrückten Stimmung und Gedanken, die zu Katastrophen (‹Alles wird übel ausgehen. Nie werde ich das schaffen›) oder Selbstvorwürfen neigen (‹Ich bin zu blöd dafür. Das kann ich einfach nicht und werde es auch nicht lernen. Alles meine Schuld›).

Wenn Sie merken, dass sich die Stimmung Ihres Gesprächspartners gehoben hat, ist ein guter Zeitpunkt gekommen, um die zentrale Frage für den Übergang in die Welt der Lösungen zu stellen.

~

8B Worüber wir uns gerade unterhalten haben, … wollen Sie daran wirklich etwas ändern?

Das folgende ‹Ja, ich will› ist ein Selbstbekenntnis, neudeutsch *Commitment.* Es bedeutet, Verantwortung zu übernehmen für den Wandel und die dafür notwendigen Schritte. Dazu gehört, nicht andere für die eigenen Probleme verantwortlich zu machen, sondern zu erkennen, dass es im eigenen Machtbereich liegt, Lösungen für Probleme zu finden und anzugehen.

Das ‹Ja, ich will› ist ein wichtiges Aufbruchssignal; es sollte überzeugend und mit starker Stimme gesagt werden. Die Übereinstimmung (Kongruenz) von Mimik, Körperhaltung und Stimme muß glaubhaft sein, damit der Aufbruch mehr als ein Lippenbekenntnis ist!

Fallbeispiel 8b

Coach: «Wollen Sie Ihre Beziehung zu Ihrem Vorgesetzten verbessern und sind Sie auch bereit, Ihren Teil dazu beizutragen?»
H. Schmitz: «Ja, auf jeden Fall!»

Mehlmann & Röse schreiben dazu (1999):
«Nicht weil die Lösungen schwierig wären, wagen wir sie nicht, sondern solange wir sie nicht wagen, bleiben sie scheinbar schwierig.»

Niemand weiß, wie weit seine Kräfte gehen, bis er sie versucht hat.

J.W. von Goethe

Das Minderwertigkeitsgefühl, das wir vor schwierigen und für uns unangenehmen Situationen haben, wird schrittweise durch ein Überlegenheitsgefühl ersetzt; wir erleben uns als handlungsfähig, machtvoll und frei, unsere eigenen Schranken zu überwinden – Hindernisse, die oft niemand als wir selbst uns in den Weg gelegt haben.

8c Was sind Sie bereit zu tun, um sich von Ihren Problemen zu lösen?

Die Frage nach Opfern, die jemand bereit ist, für das Verschwinden des Problems zu bringen, ist ein wichtiger Indikator für die emotionale Wichtigkeit des Problems und dessen Verschwinden. Zusätzlich werden hier schon erste Lösungsstrategien geäußert, die den Übergang in die Lösungsorientierung erleichtern.

Fallbeispiel 8c

Coach: «Was sind Sie bereit zu tun, um sich von Ihren Problemen zu lösen?»
H. Schmitz: «Na ja, einen neuen Weg versuchen und ein paar Dinge anders machen!»

… und jetzt Sie!
Möchten Sie etwas verändern und sind auch bereit, Ihren Teil dazu beizutragen? Notieren Sie hier bitte mit Ihren Worten, Ihre Bereitschaft, Teile Ihres Verhaltens und Denkens zu ändern, damit Sie Ihre Ziele leichter und einfacher erreichen können.

Zum Abschluß:

Damit Sie sich die Bestandteile des Problemgesprächs jederzeit an einem Stück vor Augen führen können, erhalten Sie eine Übersicht mit den wesentlichen Fragen. Mit diesem Gerüst von 24 Fragen und Hinweisen, die Sie an Ihren persönlichen Stil anpassen können, schaffen Sie eine überaus übersichtliche und nachvollziehbare Gesprächsstruktur, die den Gesprächsfluß fördert und gleichzeitig eine wichtige Voraussetzung für den Übergang zur Lösungsorientierung schafft.

~

Checkliste Problemgespräch

1. Einladung zum ‹Problemgespräch›
   1A Welche Themen beschäftigen Sie? Was bewegt Sie?
   1B Mit welchem Thema wollen Sie konkret beginnen?
   1C Schildern Sie mir bitte eine konkrete Situation!

2. Nonverbale Gesprächsverstärker
   2A Wir brauchen Augenkontakt!
   2B Es ist angenehm, angelächelt und durch Kopfnicken bestätigt zu werden!
   2C Gleiche oder komplementäre Körperhaltungen wie Ihr Gesprächspartner schaffen eine förderliche Atmosphäre!

3. Fragen nach Verhalten
   3A Was machten Sie? Was sagten Sie?
   3B Und dann? Wie ging es weiter?
   3C Wie war die Reaktion? Was sagte (machte) die andere Person daraufhin?

4. Fragen nach Gedanken
   4A Was ging Ihnen an dieser Stelle durch den Kopf?
   4B Welche Gedanken führten dazu, dass sie dies sagten (machten)?
   4C Was ging in Ihnen vor?

5. Fragen nach Gefühlen
   5A Welches Gefühl würde Ihren inneren Zustand am besten wiedergeben?
   5B War das Ihr erstes Gefühl in diesem Moment?
   5C Was fühlten wohl die anderen Beteiligten?

6. Zirkuläre Fragen – Fragen nach der Sichtweise wichtiger Anderer
   6A Was würde Ihre liebste Bezugsperson dazu sagen, wenn sie hier und jetzt anwesend wäre?
   6B Haben Sie mit jemandem über diese Situation gesprochen? Was hat diese Person gesagt?
   6C Angenommen, wir würden jemanden fragen, der Sie kennt: Woran wird er/sie als erstes erkennen, dass sich an ihrem Problem nichts/etwas geändert hat?

7. Distanzierung
   7A Gab es in dieser Situation oder der Beziehung auch etwas Angenehmes oder Belustigendes, an das Sie sich erinnern können?
   7B Erzählen Sie mir bitte von etwas Schönem, Angenehmen, das Sie erlebt haben, wie z.B. von einem lieben Menschen, Ihrem Lieblings-Urlaubsort, -Tier, -Musik, -Buch oder was Ihnen gerade einfällt!
   7C Wie haben Sie es geschafft, das auszuhalten?

8. Übergang zur Lösungsorientierung
   8A Gibt es eine weitere Situation (ein weiteres Thema), über die Sie sich mit mir unterhalten möchten?
   8B Worüber wir uns gerade unterhalten haben, … wollen Sie daran wirklich etwas ändern?
   8C Was sind Sie bereit zu tun, um sich von Ihren Problemen zu lösen?

III. Einleitende Worte zum Lösungsgespräch

Das Prinzip der Lösungsorientierung basiert auf dem Konzept der Selbstwirksamkeit als zentralem Element der sozialen Lerntheorie (BANDURA, 1986). Selbstwirksamkeit (self-efficiacy) ist die Überzeugung, eine bestimmte Situation erfolgreich bewältigen zu können, das Gefühl für das eigene Können. Selbstwirksamkeit als Glaube an sich selbst beeinflußt die Wahrnehmung von Situationen, die Motivation und die Leistung.

Wenn wir uns den gestellten Anforderungen einer Situation nicht gewachsen fühlen, so vermeiden wir diese Situation, selbst wenn wir über die Fähigkeiten zur erfolgreichen Bewältigung der Situation verfügen. Wir führen Handlungen nicht durch oder nicht erfolgreich zu Ende, weil wir glauben, dass uns das Nötigste fehlt. Stellt sich dagegen das positive Gefühl der Selbstwirksamkeit ein, so stellen wir uns dieser Situation, erzielen in den meisten Fällen Erfolge und können unsere Fähigkeiten auch auf neue Situationen übertragen.

Ohne Begeisterung schlafen die besten Kräfte unseres Gemütes. Es ist ein Zunder in uns, der Funken will.

J.G. VON HERDER

Das Gefühl der Selbstwirksamkeit beeinflußt nicht nur, welche Situationen, Aktivitäten und Strategien wir im Alltag wählen, sondern auch, wieviel Ausdauer und Energie wir verwenden. ZIMBARDO (1992, S. 423) beschreibt folgende Mechanismen: «Erwartungen von Erfolg oder Mißerfolg können sich, je nach Rückmeldungen für die Leistungen, verändern. Es ist jedoch wahrscheinlicher, dass die Erwartungen der Selbstwirksamkeit die vorhergesagte Rückmeldung hervorbringen und so zu sich erfüllenden Prophezeiungen werden.»

Mit anderen Worten: wenn wir oder andere Menschen uns als fähig betrachten, beginnen wir, die richtigen Dinge zu tun (Effektivität) und die

Dinge richtig zu machen (Effizienz). Mit genügendem Selbstvertrauen begeben wir uns in die herausfordernden Situationen und tatsächlich erfüllt sich die Prophezeiung.

Lösen Sie Probleme nach dem kausalen Prinzip, so müssen Sie erst die Ursachen für Probleme in der Vergangenheit aufarbeiten, dabei Probleme analysieren, Mangelzustände beklagen und diagnostische Kategorien (depressiv, abhängig, krank, schlimm dran) finden.

Mit der Lösungsorientierten Kommunikation beginnen Sie nach dem Erfassen konkreter Situationen sogleich mit dem Erarbeiten und Gestalten von Lösungen.

> Mache nicht unerträglich den Schmerz durch ewige Klagen!
>
> SOPHOKLES

Die Lösungen werden dabei nicht nur als Zielzustand genannt, sondern es geht darum, die Lösung des Problems zu <u>erleben</u>. Das Erleben meint die gedankliche Vorwegnahme z. B. einer bestimmten Situation oder eines kompletten Tages frei von dem Problem und frei von den dabei ausgelösten unangenehmen Gefühlen.

Wenn Sie es schaffen, einen ‹vorauseilenden Optimismus› zu erzeugen, entsteht eine ungeheure Energie für den Wandel. Diese Energie kämpft mit den inneren Blockaden und unserem inneren Verständnis von Problemen und deren Lösung. GUNTHER SCHMIDT (1995, in: S. DE SHAZER, S. 236/237) berichtet im Nachwort über seine Erfahrungen mit deutschen im Gegensatz zu amerikanischen Gesprächspartnern: «In unserer Kultur scheint das Bedürfnis nach Geschichtlichkeit, Sinn etc., auch nach Ursachensuche noch größer zu sein. Gerade wenn ein langandauerndes Problem behandelt wird, erlebe ich es deshalb hier vergleichsweise häufiger, dass die Betreffenden gar nicht glauben wollen, dass es in wenigen Sitzungen veränderbar sein könnte, ja, dass sie auch Befürchtungen hegen, dass die Schwere ihres Leidens nicht mehr gewürdigt werden könnte.»

Wenn Sie die Entscheidung fällen, lösungsorientiert zu denken und zu handeln, sind vier Grundannahmen von sehr großer Bedeutung:

A Lösungen und Probleme sind zwei ganz verschiedene Dinge.

Unser Gedächtnis funktioniert oftmals per Assoziation, d.h. zu Problemen fallen uns stets weitere Probleme ein. Eine Problemgeschichte erweckt die nächste zum Leben. Zu den Dingen, die nicht klappen, addiert sich alles, was ebenfalls nicht funktioniert. So entsteht ein Teufelskreis der Problemstimmung und des Klagens, der nichts verändert. Um diesen Teufelskreis zu durchbrechen, ist es wichtig, die Problemstimmung z.B. mittels Distanzierung zu verlassen und sich mit Visionen der Lösung auf den Weg der Lösungsbearbeitung zu begeben.

Nehmen wir den Fall an, dass eine Frau ihre mangelnde Zivilcourage als ihr Problem ansieht. Jetzt könnten sämtliche Situationen immer wieder in jedem Gespräch thematisiert werden, in denen es zuwenig Zivilcourage gab. Die Gesprächspartnerin aktiviert mit dem Erzählen natürlich auch die gespeicherten Gefühle; durch die Anhäufung der unangenehm erlebten Mißerfolge ergibt sich so eher eine lähmende Atmosphäre. Der Gesprächsschwerpunkt liegt in dem Sprechen über Probleme:

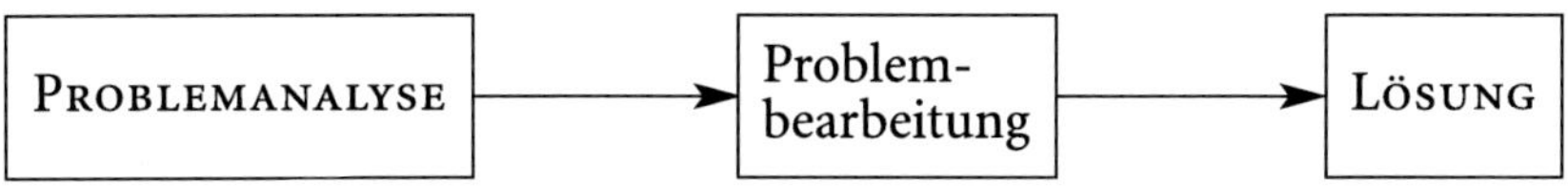

Es ist jedoch viel angenehmer, nach Zivilcourage im bisherigen Leben zu suchen und über die erfolgreichen Situationen zu sprechen, in denen Zivilcourage zu guter Stimmung und Selbstvertrauen geführt hat.

Auf therapeutischem Gebiet veröffentlichte MILTON H. ERICKSON (1954) die Kristallkugel-Technik. Er veranlaßte Menschen unter Hypnose dazu, sich in eine erfolgreiche Zukunft hineinzuversetzen. Dann schlug er ihnen vor, sich aus dieser erfolgreichen Zukunft heraus in ihre Vergangenheit zu versetzen. De Shazer stellte fest, dass allein die Anwendung dieser Technik Menschen dazu bringen kann, ihr Verhalten zu verändern. Die dabei im voraus gedachten und gefühlsmäßig durchlebten angenehmen Veränderungen für den Fall der Zielerreichung verändern die Wahrnehmung von einer Problemfokussierung hin zu einer optimistischen Lösungsorientierung.

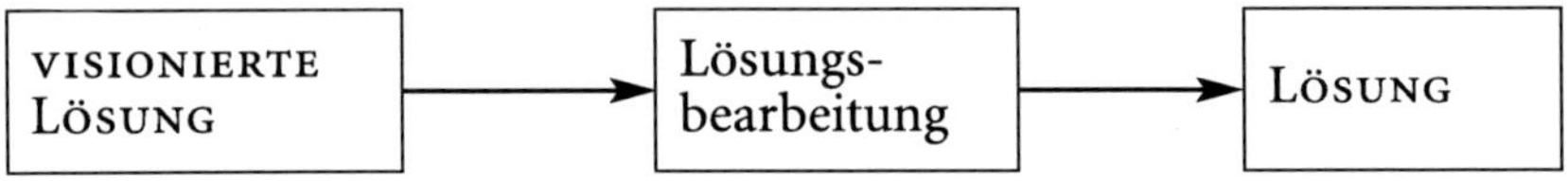

Das Sprechen über die erfolgreiche Bewältigung schwieriger Situationen in der Vergangenheit bewirkt eine optimistische Lösungsstimmung. Dies führt dazu, die mögliche Lösung des Problems als weniger schwierig bzw. leichter wahrzunehmen, da es in der Vergangenheit ja schon einmal funktioniert hat. Diese Vorgehensweise widerspricht der gerade in Deutschland weit verbreiteten Grundannahme, dass man Probleme und deren Ursachen erst aufarbeiten muß und sich erst dann den Lösungen widmen darf.

Wenn Sie in z.B. in Hamburg leben und es Ihnen dort nicht mehr gefällt, würden problemfokussierte oder analytisch orientierte Menschen über Monate und Jahre zu ergründen versuchen, warum es ihnen in Hamburg nicht gefällt. Stattdessen erscheint es sehr viel sinnvoller, sich nach Alternativen umzuschauen, die ihnen besser gefallen. Der dann ausgewählte Ort wirkt wie ein anziehendes Ziel und beschleunigt den Wandel!

Schlimmer als Schwierigkeiten ist die Tendenz, sie zu meiden.

OESCH

B Problemfokussierte Menschen blockieren sich selbst.

Wenn Menschen mehr auf die Probleme schauen und Zustände beklagen, anstatt sie zu verändern, sind sie problemfokussiert. Dies führt dazu, dass sie die Geschichten wiederholen, mit denen sie unangenehme Gefühle und Mißerfolge verbinden; eine Verschwendung von Zeit und Lebensenergie!

Wer sich selbst bedauert, leistet sich den schlechtesten Dienst.

OESCH

Problemfokussierte Menschen sind oftmals nicht in der Lage zu erkennen, dass sie nicht nur die Verantwortung, sondern auch alle Fähigkeiten haben, einen Wandel ihrer Lebensverhältnisse durchzuführen. Statt dessen sehen sie die Verantwortung in ihrem Umfeld: der Partner, der Chef, die Regierung, die Anderen sind schuld bzw. sollten etwas ändern: ‹Ich kann ja nichts dafür, dass mein Chef so ist wie er ist›. Diese Gedanken heben zwar kurzzeitig das Selbstwertgefühl, indem sie die Verantwortung für mißliebige Situationen von der eigenen Person auf die Umwelt verlagern. Damit ändert sich allerdings wenig an den aktuellen Gegebenheiten, ja, sie werden sogar zementiert, da nicht gehandelt wird.

Der Himmel hilft niemals solchen, die nicht handeln wollen.

SOPHOKLES

Christopher Reeve – einst ‹Superman›, jetzt an den Rollstuhl gefesselt – definiert als Helden einen ganz gewöhnlichen Menschen, der die Kraft findet, sich mit Ausdauer und Beharrlichkeit in einer ausweglos scheinenden Lage zurechtzufinden. Jeder Mensch trägt die Möglichkeit in sich, sein Leben heldenhaft zu gestalten!

C Lösungsorientierte Menschen benutzen Probleme nur als Anlaß, aktiv zu werden – Sie besitzen einen vorauseilenden Optimismus.

Sind Sie ein Mensch voller Lebensenergie, der Probleme als Herausforderung betrachtet oder andere Menschen mitreißen kann? Haben Sie einen hohen Wert auf der Skala der Lösungsorientierung?

Oder, anders gefragt: Wie war es, als Sie das letzte Mal jemanden mitgerissen haben bzw. sich selbst für etwas begeistert haben? Können Sie sich an eine solche Situation erinnern? Führen Sie sich bitte dieses Bild noch einmal vor Augen. Wenn Sie dieses Bild vor Augen haben, wissen Sie, dass Sie die Fähigkeit haben, andere mitzureißen. Sie brauchen ihre innere Lösungsorientierung demnach nur zu aktivieren. Das ‹Wie› beschreiben die folgenden Kapitel.

Die Lebensspanne ist dieselbe, ob man sie lachend oder weinend verbringt.

Aus Japan

Lautet Ihre Antwort auf die Frage nach dem Einsatz Ihrer Fähigkeiten: ‹Ich kann nicht!›, so liegt die Lösung in der Aufforderung, die Sie bitte an sich selbst stellen: ‹Wenn ich etwas erreichen möchte, was ich noch nie erreicht habe, dann muß ich etwas tun, was ich noch nie getan habe!›

D Die Lösung ist bekannt!

Das Interessante bei der Bewältigung von schwierigen Situationen ist die immer wieder zu beobachtende Tatsache, dass in 99% aller Fälle die Lösung bekannt ist. Es ist also in den wenigsten Fällen ein nicht vorhandenes Wissen, das Problemfokussierung verursacht. Stattdessen ist es die nicht vorhandene Bereitschaft oder der fehlende Mut, Veränderungen anzugehen, die der eigenen Lösungsorientierung im Wege steht. Die fehlende Bereitschaft beruht manchmal auf inneren Regeln. Wie Sie diese verändern können, haben Sie schon erlebt; manchmal beruht sie auf einer gewissen Bequemlichkeit, aber das Bild einer problemfreien Zukunft überwindet diese Bequemlichkeit meist, indem es eine anziehende Wirkung mit scheinbar magnetischer Wirkung ausstrahlt.

Wie können Sie Ihre Aktivität erhöhen?

Es gibt einige gute Gründe, beim Altbekannten und Bewährten zu bleiben. Denn niemand kann mit Sicherheit sagen, ob ein zukünftiges Ereignis die eigenen Bedürfnisse besser befriedigt. Gehen Sie mit vorauseilendem Optimismus an die Situation heran, und Sie werden den Wandel als angenehme Möglichkeit erleben, Erfolge zu erzielen. Zudem vergrößert sich Ihre positive Ausstrahlung auf andere Menschen.

Mit lösungsorientierten Vorgehensweisen haben amerikanische Wissenschaftler wie De Shazer, Weakland u.a. im Bereich der Familienkurzzeittherapie die durchschnittliche Behandlungsdauer von Familien von über 30 Stunden auf unter vier Stunden gesenkt, wobei der mit zwei Jahren zeitlichem Abstand gemessene Behandlungserfolg bei über 60% der Befragten lag (und damit genauso hoch wie bei einer Langzeitbehandlung). Das bedeutet, es funktioniert!

Und wann immer etwas funktioniert, gilt die Regel Nr. 1:

Wenn etwas funktioniert, mache mehr davon!

Übung der Regel 1 für Sie:

- Was läuft gerade im Moment sehr gut? Notieren Sie bitte das Thema, das Ihnen zu dieser Frage als erstes einfällt.
- Was haben Sie dafür gemacht, was ist Ihr Engagement, die Garantie des Erfolgs?
- Auf welche Themen, in denen es nicht so gut läuft, läßt sich das Engagement übertragen?

Thema:

Erfolgsgaranten, mein Engagement:

Neue Themen, in denen ich dies Engagement auch einbringen kann:

Sie kennen diese Regel seit Jahren, denn wie der deutsche Psychologe HEIDER (1958) beschrieb, haben ‹gewöhnliche, durchschnittliche› Menschen ihre eigenen Lösungstheorien, denen sie Gehör schenken. Natürlich entsteht so auch ‹Abergläubisches Verhalten›, d.h. Verhaltensweisen, die zufällig mit einem erfolgreichen Verhalten zusammentrafen, werden als Glücksbringer für die Zukunft übernommen. Ich kenne jemanden, der läuft seit Jahrzehnten bei wichtigen Fußballspielen seiner Mannschaft und knappen Spielständen auf die Toilette, weil in der Vergangenheit bei einem dieser Aufenthalte seine Mannschaft zwei Tore geschossen hatte. Natürlich hilft es nichts, aber das Verhalten, so irrational es sich anhört, ist fest verankert und die Tradition wird weitergeführt.

Stellen Sie sich vor, Sie leiden seit drei Monaten an einem Hautausschlag an den Füßen. Wenn Sie als lösungsorientierter Mensch den Verdacht hegen, es kommt von den neuen Schuhen oder den neuen Strümpfen, so würden Sie diese nicht mehr anziehen. Wenn Sie dagegen der Meinung sind, der Ausschlag kommt von einem Schwimmbadbesuch, so werden Sie es meiden oder nur noch Badeschuhe tragen.

Sie benutzen die Regel Nr. 2:

Wenn etwas nicht funktioniert, mach etwas anders!

Stellt sich ein neues Verhalten als wirksam heraus, indem es das Erleben des Problems, das Leiden, beendet, so wird es gemäß Regel 1 beibehalten. Als problemfokussierter Mensch würden Sie nichts dergleichen tun, sondern sich über das Jucken beklagen und zum Inhalt Ihrer Gespräche machen, was bisher schon alles nicht geholfen hat.

Übung der Regel 2 für Sie:

- Was stört Sie gerade im Moment?
  Notieren Sie bitte das Problem oder die Schwierigkeiten.
- Was haben Sie bisher gemacht?
- Was machen Sie ab sofort anders?

Problem:	
Bisher gemacht:	Ab sofort neu:

Es reicht sehr oft auch aus, sich an die Strategien zu erinnern, die schon einmal zum Erfolg geführt haben. Klarheit darüber, welche Lösungen für unsere Gesprächspartner die angemessenen sind, gewinnen wir am ehesten dadurch, dass wir unsere Gesprächspartner fragen, was sie anders machen werden oder welche Dinge geschehen werden, sobald sie sich vom Problem gelöst haben. Das obige Beispiel verdeutlicht Heiders wie auch die lösungsorientierte Ansicht, dass keine wissenschaftlich-psychologische Theorie zur Vorhersage Ihres Verhaltens so geeignet ist wie Ihre eigene. Ihre Überzeugungen über die Ursachen bestimmen ebenso wie Ihre Überzeugungen über die Lösungen und Ziele Ihr Handeln. Aber wie? Machen Sie diese Erfahrung selbst, die wunderbare Erfahrung, die mit einer wundervollen Frage beginnt!

III. 9. Ziel- und Zukunftsfragen

9A Die Wunderfrage
9B Die ‹Angenommen›-Frage
9C Was genau sind Ihre beruflichen/privaten Ziele?
Die Entscheidungstafel

Die Vorstellung einer problemfreien Zukunft ist der Motivator für erfolgreiches Handeln. Die beste mir bekannte Technik zur Erzeugung dieser Vision ist die Wunderfrage. Lesen Sie die Wunderfrage am besten laut und lassen sie auf sich wirken.

9A Die Wunderfrage

Wenn Sie heute abend zu Bett gehen und schlafen, kommt eine gute Fee mit Ihrem Zauberstab, und alles, worüber wir gesprochen haben, alle Probleme haben eine Lösung gefunden. Da Sie aber geschlafen haben, wissen Sie gar nicht, dass das Wunder geschehen ist! Wenn Sie also morgen früh aufwachen, …

… woran werden Sie als erstes merken, dass das Wunder geschehen ist?
… was ist dann anders als sonst?
… wer würde es noch merken? Und woran?

… und jetzt Sie!
Notieren Sie Ihr Wunder und seine Ausprägungen hier und jetzt!

Woran merke ich das Wunder?
Was ist dann anders als sonst?
Woran merken es die anderen?

Diese Frage beinhaltet neben der Erfassung der Sichtweise auch die zirkuläre Erfassung der Sichtwiese anderer Menschen. Frage an Sie, liebe Leser: Hat sich an Ihnen etwas verändert? Die Körperhaltung vielleicht, der Atem oder der Gesichtsausdruck?

Ihre Antworten auf die Wunderfrage wecken die Erwartung einer positiven Veränderung (De Shazer, 1995) und die damit verbunden angenehmen Seiten von Erfolgserlebnissen.

Eine Freude vertreibt hundert Sorgen.

Aus Japan

Spüren Sie die angenehme Kraft und erleben Sie, wie sich Ihre Wahrnehmung ändert: Aus dem halbleeren wird ein halbvolles Glas und die Vorstellung, angstauslösende Situationen souverän zu durchleben, weckt ein Gefühl der inneren Zufriedenheit. Nicht nur das ‹Weg von dem Problem›, sondern gerade das ‹Hin zu einem angenehmen Ziel› wirkt eminent motivierend.

Fallbeispiel 9a

Coach: «H. Schmitz, dann möchte ich Ihnen eine ungewöhnliche Frage stellen: Wenn Sie heute abend ins Bett gehen, und Sie schlafen ein, dann stellen Sie Sich bitte vor, über Nacht geschieht ein Wunder. Wir beide wissen, Wunder gibt es nicht, aber wir können uns das ja mal einen Moment lang vorstellen, nicht wahr. Also, das Wunder passiert über Nacht und das Problem mit Ihrem Vorgesetzten, H. Schmitz, hat sich erledigt, ist wie weg! Da Sie aber geschlafen haben, wissen Sie gar nicht, dass das Wunder geschehen ist. Wenn Sie also morgen früh ins Büro gehen, woran merken Sie als erstes, dass das Wunder geschehen ist? Was ist dann anders?»

H. Schmitz: «Jaaa,» (lehnt sich zurück, Hände hinter dem Kopf verschränkend, schmunzelnd) «dann kommt der Chef rein und begrüßt mich per Handschlag. Er hat seine Tür offen und ich kann zu ihm reingehen, um die Tagesplanung zu koordinieren. In der Mittagspause gehen wir einmal vielleicht zusammen essen und wenn ich die Arbeit gut gemacht habe, zeigt er mir seine Anerkennung.»

Coach: «Wie macht er das?»

H. Schmitz: «Er sagt es mir, vielleicht auch einmal in der Besprechung vor den Kollegen: H. Schmitz, das war eine saubere Arbeit!»

Coach: «Und wie werden Sie sich dann fühlen?»

H. Schmitz: «(strahlend) Na, prachtvoll.»

Coach: «Und wie wird Ihre Frau das merken?»

H. Schmitz: «Na, erzählen werde ich es ihr. Vielleicht bei einem Gläschen Rotwein. Oder wir gehen einfach mal wieder in die Stadt. Zu unserem Lieblings-Italiener. Da waren wir schon lange nicht mehr!»

Wenn Du ein Schiff bauen willst, fang nicht an, Holz zusammenzutragen, Bretter zu schneiden und Arbeit zu verteilen, sondern wecke in den Menschen die Sehnsucht nach dem großen, weiten Meer.

ANTOINE DE SAINT-EXUPERY

Eine zweite Möglichkeit der Zielformulierung besteht darin, eine ‹Angenommen›-Frage zu stellen, die ebenfalls das Bild einer angenehmen Zukunft erleben läßt.

~

9B Die ‹Angenommen›-Frage

Angenommen, wir treffen uns in einem Jahr wieder und unterhalten uns über das Thema und wie Sie es in den Griff bekommen haben, …

… was erzählen Sie mir?
… woran erkennen Sie, dass Sie Ihr Ziel in den Griff bekommen haben?
… wer außer Ihnen hat es noch bemerkt und woran?
… was ist da anders?

«Angenommen, das Problem ... wäre beseitigt. Woher wüßten Sie es?»
«Angenommen, Sie müßten schon morgen etwas verändern ...
Womit würden Sie beginnen?»

Diese ungewöhnliche sprachliche Technik des Futurs geht davon aus, dass Sie sich mittels einer Phantasiereise in einen Zustand versetzen, in dem Sie sich erfolgreich von den Problemen gelöst haben werden.

Stellen Sie sich vor, Sie haben Ihre Probleme auf eine ganz hervorragende, souveräne Art und Weise gelöst. Deswegen hat Sie eine seriöse Fernseh-Talkrunde eingeladen, damit Sie davon berichten. Wovon werden Sie erzählen?

Die Grundannahme des nicht mehr vorhandenen Problems schafft eine angenehme Distanz zu dem Problem. Distanz zum Problem ist wichtig, um sich aus den beklemmenden Gefühlen der Problemfokussierung lösen zu können.

Das Interesse lösungsorientierter Gesprächspartner geht weg vom Thema ‹Probleme und deren Ursachen› hin zum Thema ‹Lösungen und wie sie funktionieren›. Deshalb ist es eine wertvolle Erfahrung, zeitliche Abstände mehrerer Jahre als Methode der Distanzierung von Problemen zu benutzen. Dies kann sie in die Zukunft führen oder in die Träume der Vergangenheit.

FALLBEISPIEL 9B

Coach: «Herr Schmitz, angenommen, wir treffen uns in einem Jahr wieder und unterhalten uns über das Thema und wie Sie es in den Griff bekommen haben. Was werden Sie mir erzählen?»

H. Schmitz: «Na ja, ich werde Ihnen sagen können, dass ich ein gutes Gespräch mit dem Chef hatte. Und dass er danach einiges geändert hat, so dass sich mein Traum erfüllt hat!»

Coach: «Angenommen, Sie müßten schon morgen etwas verändern, womit würden Sie beginnen?»

H. Schmitz: «Ich würde einen Gesprächstermin ausmachen!»

Die Schwierigkeit, die problemfokussierte Sicht hinter sich zu lassen, beschreibt Paulo Cuelho (*Der Alchimist,* S. 28):

«Es ist das, was du schon immer gerne machen wolltest. Alle Menschen wissen zu Beginn ihrer Jugendzeit, welches ihre innere Bestimmung ist. In diesem Lebensabschnitt ist alles so einfach, und sie haben keine Angst, alles zu erträumen und sich zu wünschen, was sie in ihrem Leben gerne machen würden. Indessen, während die Zeit vergeht, versucht uns eine mysteriöse Kraft davon zu überzeugen, dass es unmöglich sei, den persönlichen Lebensweg zu verwirklichen.»

Visionserzeugung kann und muß ungewöhnliche Wege gehen:
‹Was steht im Jahre 2010 über Sie in der Zeitung?› Auch diese Form der Visionserzeugung hilft Ihnen, Klarheit und Anziehungskraft Ihrer Ziele zu erzeugen.

«Nehmen wir an, Sie haben die Aufgabe, einen Roman über Ihr Leben zu schreiben und zu einem *happy end* zu bringen. Sie starten in der Gegenwart mit all ihren Problemen. Was werden Sie schreiben, wie werden Sie es geschafft haben, Ihr Leben zu diesem Erfolg zu führen?»

Es gibt so viele kreative Ideen der Visionserzeugung wie es Menschen gibt, die über ihre Träume nachdenken. Und Visionen sind wichtig, denn aus ihnen leiten sich die Ziele ab, die lang- wie die kurzfristigen Ziele. Man könnte auch sagen:

Ziele sind Visionen mit einem Abgabetermin!

Denn nur bei Klarheit über Ihre Ziele können Sie bewußt Ihre Energien, Kräfte und Ressourcen zur Erreichung Ihrer Ziele nutzen. Haben Sie keine Ideen, wie der wunderbare Zustand sein wird bzw. was wäre, wenn das

Problem beseitigt ist, so kann eine Aufgabe (Kap. 17) diese Lücke füllen helfen und die Motivation zum Wandel steigern.

> **Die Menschen lassen sich in drei Klassen einteilen: Diejenigen, die unbeweglich sind, diejenigen, die beweglich sind, und diejenigen, die sich bewegen.**
>
> Aus Arabien

Weil Ihre Zielfindung von derartiger Wichtigkeit für Ihre Zukunft ist, nehmen Sie sich bitte viel Zeit für sich und Ihr System (Familie, Arbeitsgruppe) und schaffen Sie Klarheit über Ihre gemeinsamen und individuellen Ziele.

~

9c Was genau sind Ihre beruflichen/privaten Ziele?

Hier können Sie sich eine Übersicht mit Hilfe eines 1- oder 5-Jahresplans schaffen. Listen Sie Ihre Ziele auf und hinterfragen Sie, ob sie den folgenden Kriterien (nach Hennig & Ehinger, 1998) genügen:

klare, präzise Beschreibung	*ich möchte mich weniger aufregen …* *wie genau wollen Sie stattdessen reagieren?*
positive Formulierung	*was möchten Sie am liebsten machen?*
bedeutsam	*was ist daran wichtig?*
Teilziele formulieren	*ich sollte mehr lesen …* *wieviel Stunden am Tag möchten Sie lesen?*
Beschreiben des 1. Schrittes (Commitment)	*welches Buch?* *bis wann?*
Realisierbarkeit einschätzen	*ist das drin?*

Wenn sich Ihre Ziele und die bildhaften Vorstellungen der erfolgreichen Zielerreichung nicht widersprechen, dann können Sie die Umsetzung auf Verhaltensebene beginnen.

Was aber, wenn ich zwischen zwei Alternativen wählen kann und mir der wunderbare Zustand noch kein eindeutiges Bild vor Augen geführt hat? Hier bietet sich in vielen Fällen eine Bewertung der Alternativen an, die es ermöglicht, durch ein Notieren der Argumente pro und contra sowie deren Bewertung das ständige Grübeln zu durchbrechen und den Entscheidungsprozeß für ein Ziel bzw. einen Weg zu beschleunigen.

Ein Mensch ohne Plan ist wie ein Schiff ohne Steuer.

Oesch

Das Erstellen der Entscheidungstafel:

1. Benennen Sie Ihre Alternativen und schreiben sie auf.
2. Notieren Sie die Vor- und Nachteile. Unterscheiden Sie hierbei zwischen kurz- und langfristigen Argumenten.

   Im Anschluß an das rationelle (verstandesmäßige) Sammeln von Argumenten lassen sich zwei entscheidungsfördernde Schritte in Form von Fragen anschließen:

3. Wenn Sie sich Ihre kurzfristigen Vorteile von A durchlesen, welcher spontane Gedanke geht Ihnen da durch den Kopf (bitte aufschreiben!) Komplettieren Sie bitte die Vorlage für langfristig und die anderen Vor- und Nachteile.
4. Wenn Sie sich die Gedanken und die Argumente durchlesen, welches Gefühl kommt Ihnen da in den Sinn (Furcht, Zuversicht, Zweifel, Freude)?
   Komplettieren Sie dies für die aufgelisteten Vor- und Nachteile.

Die nachfolgende Entscheidungstafel erläutert die Vorgehensweise anhand des Themas Berufswahl:

Die Entscheidungstafel – Beispielthema: Berufswahl

Alternative A	Alternative B	Alternative C
Studium BWL	Ausbildung IT-Kaufmann	Handy-Shop aufmachen
Vorteile	**Vorteile**	**Vorteile**
kurzfristig	kurzfristig	kurzfristig
lockeres Leben	*Beruf der Zukunft*	*Selbständigkeit*
langfristig	langfristig	langfristig
mehr Geld	*Geld*	*Ortswechsel*
Prestige	*Selbständigkeit*	
Gedanken zu den Vorteilen		
spannend	*interessant*	*Na ja …*
Gefühle zu den Vorteilen		
Freude	*fühlt sich gut an*	*Zweifel*
Nachteile	**Nachteile**	**Nachteile**
kurzfristig	kurzfristig	kurzfristig
wenig Geld	–	*hohes Risiko*
Lerndruck		Schulden
langfristig	langfristig	langfristig
Arbeitslosigkeit	*wenig Geld*	–
Gedanken zu den Nachteilen		
kann ich mir auf Jahre nichts leisten	*das wird eine harte Zeit*	*kein Urlaub mehr, 14 Stunden Arbeit – oh Gott*
Gefühle zu den Nachteilen		
unsicher	*bin zuversichtlich*	*Überforderung*

Wenn Sie jetzt die Gedanken und Gefühle miteinander vergleichen, wird eine innere Präferenz für Alternative B deutlich. Um dies zu überprüfen, können Sie die gefundenen Argumente (ohne die Gedanken und Gefühle) durch Ihren Gesprächspartner gewichten lassen.

5. Bewerten Sie bitte Ihre Argumente auf einer Skala von 1 bis 3:
1 = wenig wichtig, 2 = wichtig, 3 = sehr wichtig.

Auswertung der Entscheidungstafel – Beispielthema: Berufswahl

Alternative A		Alternative B		Alternative C	
Studium BWL		Ausbildung IT-Kaufmann		Handy-Shop aufmachen	
Vorteile		**Vorteile**		**Vorteile**	
kurzfristig		kurzfristig		kurzfristig	
lockeres Leben	(3)	*Beruf der Zukunft*	(2)	*Selbständigkeit*	(2)
langfristig		langfristig		langfristig	
mehr Geld	(3)	*Geld*	(3)	*Ortswechsel*	(2)
Prestige	(1)	*Selbständigkeit*	(2)		
∑ Vorteile					
A = 7 Punkte		B = 7 Punkte		C = 4 Punkte	
Gedanken zu Vorteilen A		Gedanken zu Vorteilen B		Gedanken zu Vorteilen C	
spannend		*interessant*		*Na ja …*	
Gefühle zu Vorteilen A		Gefühle zu Vorteilen B		Gefühle zu Vorteilen C	
Freude		*fühlt sich gut an*		*Zweifel*	
Nachteile		**Nachteile**		**Nachteile**	
kurzfristig		kurzfristig		kurzfristig	
wenig Geld	(3)	–		*hohes Risiko*	(1)
Lerndruck	(1)			*Schulden*	(3)
langfristig		langfristig		langfristig	
Arbeitslosigkeit	(3)	*wenig Geld*	(2)	–	
∑ Nachteile					
A = 7 Punkte		B = 2 Punkte		C = 4 Punkte	
Gedanken zu Nachteilen A		Gedanken zu Nachteilen B		Gedanken zu Nachteilen C	
kann ich mir auf Jahre nichts leisten		*das wird eine harte Zeit*		*kein Urlaub mehr, 14 Stunden Arbeit – oh Gott*	
Gefühle zu Nachteilen A		Gefühle zu Nachteilen B		Gefühle zu Nachteilen C	
unsicher		*bin zuversichtlich*		*Überforderung*	

6. Addieren Sie die bewerteten Vorteile der Alternative A und die Nachteile von B und C, denn dies alles spricht für A; gehen Sie genauso bei den anderen Alternativen B und C vor.

   Für A sprechen die Vorteile (7 Punkte) und die Nachteile von B (2) und C (4) –> 13 Punkte;
   Für B sprechen die Vorteile (7 Punkte) und die Nachteile von A (7) und C (4) –> 18 Punkte;
   Für C sprechen die Vorteile (4 Punkte) und die Nachteile von B (2) und A (7) –> 13 Punkte.

In diesem Beispiel wird das Entscheidungsproblem durch das Prinzip der Schriftlichkeit mit Hilfe rational nachvollziehbarer Schritte gelöst. Dadurch wird der Kopf frei für die nächsten Schritte, in diesem Falle für die Vision einer erfolgreichen Bewerbung als auszubildender IT-Kaufmann.

Nutzen Sie die Entscheidungstafel auf der nächsten Seite für eine Ihrer aktuellen Entscheidungen! Gehen Sie hierbei bitte in der gleichen Reihenfolge vor und äußern Sie Ihre Gedanken und Gefühle, bevor Sie die gefundenen Argumente bewerten.

Die Entscheidungstafel für Sie – Ihr Thema:

Alternative A		Alternative B		Alternative C	
Vorteile		**Vorteile**		**Vorteile**	
kurzfristig		kurzfristig		kurzfristig	
	( )		( )		( )
	( )		( )		( )
langfristig		langfristig		langfristig	
	( )		( )		( )
	( )		( )		( )
$\sum$ Vorteile					
A = Punkte		B = Punkte		C = Punkte	
Gedanken zu Vorteilen A		Gedanken zu Vorteilen B		Gedanken zu Vorteilen C	
Gefühle zu Vorteilen A		Gefühle zu Vorteilen B		Gefühle zu Vorteilen C	
Nachteile		**Nachteile**		**Nachteile**	
kurzfristig		kurzfristig		kurzfristig	
	( )		( )		( )
	( )		( )		( )
langfristig		langfristig		langfristig	
	( )		( )		( )
	( )		( )		( )
$\sum$ Nachteile					
A = Punkte		B = Punkte		C = Punkte	
Gedanken zu Nachteilen A		Gedanken zu Nachteilen B		Gedanken zu Nachteilen C	
Gefühle zu Nachteilen A		Gefühle zu Nachteilen B		Gefühle zu Nachteilen C	

Fallbeispiel 9c

Coach: «H. Schmitz, was genau sind die Ziele des Gesprächs mit Ihrem Chef?»

H. Schmitz: «Hmm, ich möchte erreichen, dass er mich respektiert. Ja, das er es schätzt, dass ich für ihn arbeite! Das weiß ich gar nicht!»

III. 10. Skalenfragen

10A Skala des Ist-Zustands
10B Skala der Zuversicht
10C Skala der Häufigkeit von Problemausnahmen

Die sorgfältige Erfassung des Ist-Zustands mit verhaltensorientierten Fragen läßt sich bereichern durch den lösungsorientierten Ansatz einer Skalenfrage. Dabei wird der Abstand vom gewünschten Zielzustand sowie der Abstand vom maximalen Problemzustand in Erfahrung gebracht. Die Einführung einer numerischen Skalierung ist von großer Hilfe, da sie universell in verschiedenen Kulturen einsetzbar ist.

Zudem ist sie von hoher Akzeptanz gerade bei Gesprächspartnern, die eine intuitive Abneigung gegen die Beantwortung der Wunderfrage bzw. eine Vorliebe für mathematisch-technische Aufgaben haben.

Die 10er Skala ist gewählt worden, weil sie genügend Raum für Unterschiede auch bei komplexeren Problemen bietet. Der Anfangspunkt liegt im positiven Bereich und nicht bei 0, da sich so die Assoziation von 0 = ‹eine Null sein, nichts› vermeiden läßt. Zudem bestehen ausreichende Differenzierungsmöglichkeiten, so dass auch dem Phänomen der Vermeidung von Extremen (Tendenz zur Mitte) Rechnung getragen wird.

Skalenfragen sind eine absolut hilfreiche Technik, wenn Ihnen das Problem Ihres Gesprächspartners ausreichend bekannt ist oder wenn Ihre Art der Gesprächsführung derart lösungsorientiert ist, dass Sie sagen: ich brauche das Problem gar nicht so genau zu kennen – die Ursachen sowieso nicht; es reicht mir, mit dem Gesprächspartner in der positiven Welt der Lösungen zu arbeiten. Sie können Skalen zu unterschiedlichen Themen und in unterschiedlichen Phasen eines Gesprächs einsetzen:

Übergang zur Lösungsorientierung

1. Skalieren der Wichtigkeit des Themas
2. Skalieren der Zuversicht bzgl. eines Wandels
3. Skalieren der inneren Motivation

Setzen der Ziele und Teilziele

1. Skalieren der Zielklarheit
2. Skalieren der Angemessenheit der Maßnahmen
3. Skalieren der Risikobereitschaft

Skalieren von Veränderungen

1. Skalieren der Häufigkeit von Problemausnahmen (s. Kap. 10c)
2. Skalieren der ersten Fortschritte
3. Skalieren der Effektivität

Die Antwort auf die Wunderfrage beschreibt einen zu erreichenden Zielzustand. Zu dessen Verwirklichung müssen mehrere Stufen beschritten werden. Genau diese operativen Schritte machen die Schwierigkeiten des alltäglichen Lebens aus und sind der Grund, bei problemfokussierter Wahrnehmung im Ist-Zustand zu verharren. Um den Ausgangspunkt für die Fortschritte und Veränderungen zur Lösung zu finden und gleichzeitig nicht die Problemschilderungen der Vergangenheit bemühen zu müssen, ist die Skalenfrage als Instrument vielfältig einsetzbar.

10A Skala des Ist-Zustands

Stellen Sie sich bitte eine Skala von 1-10 vor, wobei 10 für den eben von Ihnen beschriebenen wunderbaren Zielzustand steht. 1 steht dafür, dass nichts von alledem eingetreten ist. Wo etwa zwischen 1 und 10 würden Sie sich heute einschätzen?

Skala des Ist-Zustands:

wunderbarer Zielzustand

Nichts von alledem

Fallbeispiel 10a

Coach: «H. Schmitz, stellen Sie sich doch bitte eine Skala von 1-10 vor, wobei 10 für den eben von Ihnen beschriebenen wunderbaren Zielzustand steht. 1 steht dafür, dass nichts von alledem eingetreten ist. Wo etwa zwischen 1 und 10 schätzen Sie sich heute ein?»
H. Schmitz: «So bei 3-4.»

Eine essentielle Frage bei der erfolgreichen Bewältigung eines Teilziels ist die Frage nach der inneren Zuversicht, dieses Teilziel zu erreichen, da die innere Motivation stark mit der subjektiv empfundenen Anziehungskraft des Zieles schwankt.

Eine Möglichkeit, den Ist-Zustand sinnlich wahrnehmbar zu machen, ist die 10-Steine-Übung (Buchner, 1995). Ihr Gesprächspartner erhält 10 Steine, die er in die Hand nehmen kann. Wer zu 100% zuversichtlich ist, seine Ziele zu erreichen, behält 10 Steine bei sich. Wer zweifelt, und 4 Steine von sich abrückt, drückt damit eine Zuversicht von 60 Prozent aus.

~

10b Skala der Zuversicht

Wie zuversichtlich sind Sie, Ihr gerade beschriebenes Ziel zu erreichen? Wenn Sie sich ganz sicher sind, behalten Sie alle 10 Steine bei sich, sind Sie völlig unsicher, rücken Sie alle Steine von sich ab, dazwischen können Sie abstufen!

Sie können auch Ihrer Kreativität freien Raum lassen: Liegen auf dem Schreibtisch 10 Stifte oder liegen 10 Bonbons oder 10 Nüsse in der Nähe, so lassen sich diese zur sinnlichen Erfahrung des skalierten Ist-Zustands einsetzen. Auch die zeichnerische Darstellung der Skala erhöht die Aufmerksamkeit und die Behaltensleistung für diesen Abschnitt des Gesprächs.

Die innere Zuversicht Ihres Gesprächspartners können Sie zusätzlich an dem Klang der Stimme festmachen: Ist sie zittrig oder fest, unsicher oder bestimmt, laut oder leise!

In den Kapiteln 12 bis 15 stehen Hilfsmittel zur Verfügung, wie Sie mittels unterschiedlicher Fragetechniken und dem Einsatz von Komplimenten die Sicherheit Ihres Gesprächspartners in das eigene Denken und Handeln vergrößern können.

Ihren Bekanntheitsgrad hat diese Form der Skalierung durch das verhaltenstherapeutische Verfahren der Systematischen Desensibilisierung erlangt. Hier erlernt der Klient bei einem Angstthema (z.B. Höhenangst) nach einer Situationsanalyse ein Entspannungsverfahren, bevor er sich zu einem Ziel bekennt. Diesem Endziel gehen 10 Leistungsziele voraus, die der Klient, mit dem leichtesten Teilziel beginnend, selbst bestimmt. Stufe 1 kann das Betreten der ersten Treppe einer Leiter mit 3-minütigem Verweilen und Umherschauen sein; Stufe 2 das 4-minütige Verweilen auf der 2. Stufe usw. .

Es verwundert nicht, dass genau dieses Verfahren mit über 80 % den höchsten Erfolgsgrad bei der Bekämpfung von Phobien (übersteigerten Ängsten) besitzt.

Fallbeispiel 10b

Coach: «H. Schmitz, wie zuversichtlich sind Sie auf einer Skala von 1-10, dieses Gespräch zu führen. Nehmen wir z.B. die 10 Bonbons Ihrer Schachtel. 10 Bonbons behalten meint völlige Zuversicht, 10 Bonbons an mich abgeben bedeutet: mit an Sicherheit grenzender Wahrscheinlichkeit kein Gespräch führen. Wieviel Bonbons schieben Sie zu mir rüber von den 10?»

H. Schmitz: «Maximal 2!»

Obwohl Menschen dazu tendieren, unangenehme Einzelerlebnisse zu verallgemeinern (‹Nie kann ich auf etwas klettern›, ‹Immer denke ich, dass mir schlecht wird, und ich herunterfalle›) gibt es stets Erfolge, die sich vorweisen lassen (‹Klar bin ich schon auf Bäumen geklettert. Wie oft ich nicht heruntergefallen bin? So 200 mal, schätze ich!›). Es gilt daher, das Augenmerk auf die erfolgreichen Ausnahmen von dem Problem zu lenken, deren Bewußtmachen eine Hilfe für die Bewältigung aktueller Konflikte sein kann.

10c Skala der Häufigkeit von Problemausnahmen

Wie häufig gab es Ausnahmen von dem Problem, d.h. Erfolgserlebnisse? Machen Sie ein Zeichen Ihrer Wahl irgendwo zwischen 10 (sehr viele Erfolge in der Vergangenheit) und 1 (sehr wenig Erfolge); dazwischen können Sie abstufen!

Skala der Erfolgserlebnisse:

Wie häufig gab es Ausnahmen von dem Problem auf dieser Skala, die von sehr vielen Erfolgen bis zu sehr wenig Erfolgen reicht. Dazwischen können Sie abstufen.

Sehr viele Erfolge

Sehr wenig Erfolge

Ihr Gesprächspartner braucht bei dieser Skalenform keine Zahlen einzutragen, ein Kreuz reicht.

FALLBEISPIEL 10C

Coach: «H. Schmitz, wie häufig gab es Ausnahmen von dem Problem? Machen Sie bitte auf dieser Skala Ihr Kreuz, wobei das obere Skalenende bedeutet: sehr viele Respektbezeugungen durch Ihren Vorgesetzten. Das untere Ende bedeutet: keinerlei Respektbezeugungen durch Ihren Vorgesetzten.»

H. Schmitz: «Na ja, ich würde mal sagen, so mittig!»

Nachdem Sie von ihrem Gesprächspartner die Antwort erhalten haben, können Sie sich in zwei zeitlichen Dimensionen bewegen:

1. in der Vergangenheit (siehe Kapitel 11-12), indem Sie nach erfolgreichen Ausnahmen von dem Problem und den zugrunde liegenden Fähigkeiten fragen,
2. in der Zukunft (siehe Kapitel 13), wo es um das Festlegen des nächsten Schrittes hin zum Ziel unter Berücksichtigung der eigenen Fähigkeiten geht.

Sollte Ihrem Gesprächspartner zu diesem Zeitpunkt nichts einfallen und er bewertet die Frage nach Erfolgen mit 1, so kann es eine Aufgabe (siehe Kapitel 17) für ihn sein, sich bis zum nächsten Gespräch an solche Erfolge oder bessere Zeiten zu erinnern (siehe Kapitel 11-12).

Mehlmann & Röse (1999, S. 25) weisen explizit auf die Wichtigkeit von Ausnahmen von dem Problem hin: «Ausnahmen bestätigen die Regel, dass es fast immer auch störungsfreie Zeiten gab und gibt. Das bedeutet immerhin, dass unsere Kunden zu bestimmten Zeiten gut zurechtkommen und somit auch selbst wissen, wie sie gut zurechtkommen können. Es gibt also immer bereits Lösungen!»

Diese Ausnahmen von dem Problem werden im folgenden Abschnitt ermittelt.

III. 11. Fragen nach erfolgreichen Ausnahmen von dem Problem

11A Wann war es in der Vergangenheit schon einmal besser?
11B Beschreiben Sie bitte eine erfolgreiche Situation!
11C Was ist anders an den Situationen, in denen die Schwierigkeit weniger stark/nicht auftritt?

Der Ausflug zu den Erfolgen der Vergangenheit hat mehrere positive Effekte auf Ihr Gespräch: Unangenehme Problemschilderungen werden abgelöst durch angenehme Lösungserzählungen, die positive Gefühle auslösen; im Anschluß daran können Sie über die Fähigkeiten sprechen, die damals vorhanden waren und deren ‹Wiederaufbereitung› für die aktuelle Situation planen.

11A Wann war es in der Vergangenheit schon einmal besser?

Durch diese Form der Frage wird vorausgesetzt, dass es Zeiten gab, in denen es dem Gesprächspartner besser ging, und dass er oder sie ihren Beitrag dazu geleistet haben. Die Fragen nach den Ausnahmen sollten wie die Ziel- und Zukunftsfragen erst gestellt werden, wenn das Problem ausreichend «gewürdigt» (HENNIG/EHINGER, 1998) wurde.

FALLBEISPIEL 11A

Coach: «Was funktionierte denn schon zumindest ab und an?»
H. Schmitz: «Na ja, wenn wir keine Kunden erwarten, dann hat der Chef schon seine Bürotür auf. Und einmal im Monat machen wir eine Besprechung.»
Coach: «Können Sie sich an eine Besprechung erinnern, in denen Sie Respekt von Seiten Ihres Vorgesetzten gespürt haben?»
H. Schmitz: «Ja, einmal bei einer Besprechung, da wollte er unbedingt eine Aktion durchziehen, die gar nicht unserer Zielgruppe entspricht. Da habe ich ihn drauf hingewiesen, dass er damit den Unternehmenszielen widerspricht.»

11B Beschreiben Sie bitte eine erfolgreiche Situation!

Wenn Sie als Zuhörer Fragen nach Verhalten, Gedanken, Gefühlen und der Sichtweise wichtiger anderer Personen stellen, dann erhalten Sie ein besseres Bild der Erfolgssituation und Ihres Gesprächspartners. Benutzen Sie die Fragen der Abschnitte 3-6, um Ihren Gesprächspartner das intensive Gefühl seiner Erfolge wiedererleben zu lassen.

FALLBEISPIEL 11B

Coach: «Beschreiben Sie bitte diese Situation! Können Sie sich an die Besprechung noch erinnern, in denen Sie Respekt von Seiten Ihres Vorgesetzten gespürt haben?»

H. Schmitz: «Wir saßen zu fünft zusammen und ich habe ihm ins Gesicht gesagt, dass unsere vereinbarten Ziele diesem Beschluß widersprechen würden.»

Coach: «Und wie haben die anderen reagiert?»

H. Schmitz: «Die fanden das extrem mutig. Eine Kollegin sagte, sie hätte sich das nicht getraut!»

Coach: «Wie haben Sie sich da gefühlt?»

H. Schmitz: «Das war schon ein innerer Vorbeimarsch, da habe ich ganz schön durchgeatmet.»

Coach: «Was dachten Sie dabei oder danach?»

H. Schmitz: «Du hast es drauf, alter Junge! (lachend)»

Coach: «Und was würde John Wayne an dieser Stelle sagen?»

H. Schmitz: «(mit Stolz im Gesicht) Well done!»

Coach: «Wie hat Ihre Frau reagiert?»

H. Schmitz: «Die war richtig stolz auf mich! Abends gab's dann eine besondere Belohnung!»

11c Was ist anders an den Situationen, in denen die Schwierigkeit weniger stark/nicht auftritt?

Hier gilt es, das Augenmerk auf die Faktoren zu richten, die einen wichtigen Unterschied machen zwischen dem Gelingen oder Mißlingen in schwierigen Situationen. Nach diesem Bewußtmachen der Erfolge durch die ausführliche Beschreibung ist es für den Gesprächspartner sehr viel einfacher, die Unterschiede zur jetzigen schwierigen Situation zu reflektieren.

Fallbeispiel 11c

Coach: «Was war anders, als Sie Ihrem Vorgesetzten das gesagt haben, was Sie sagen wollten?»

H. Schmitz: «Es gab eine feste Richtlinie zu den Unternehmenszielen, an die man sich halten konnte. Sonst wird man ja immer so lange bequatscht, bis man mit der Meinung des Chefs aus dem Zimmer rausgeht.»

Coach: «Und Ihre persönliche Sicherheit gab den Ausschlag für Ihre Äußerung?»

H. Schmitz: «Ja, genau!»

III. 12. Fragen nach Reserven und Fähigkeiten

12A Welche Fähigkeiten standen Ihnen zur Seite, so dass Sie diese Situationen erfolgreich gestalten konnten?
12B Wie haben Sie das geschafft, dass die von Ihnen beschriebene Schwierigkeit nicht aufgetreten ist?
12C Was können Sie tun, um die damals aktivierten Reserven wieder aufleben zu lassen?

Sieht Ihr Gesprächspartner die entscheidenden Faktoren für Probleme primär im Umfeld begründet (‹Gegen meinen Chef kann ich doch nichts ausrichten!›), so gilt es, das Selbstwertgefühl zu stärken, damit im folgenden Aktionen geplant und unternommen werden können, obwohl der Chef einen Vorsprung durch seine Vorgesetztenfunktion (Positionsmacht) besitzt.

Dazu kann z.B. die Erfolgsseite des Lebens bilanziert werden über die Auflistung der 10 größten Erfolge mit den zugrundeliegenden Fähigkeiten und Reserven.

… und jetzt Sie!
Listen Sie die 10 größten Erfolge in Ihrem Leben auf. Schreiben Sie dann Ihre Fähigkeiten und Kompetenzen dazu, die Ihnen diese Erfolge ermöglicht haben. Überlegen Sie bitte in Ruhe, wie Sie dieses Reservoir an Fähigkeiten für Ihr aktuelles Thema nutzen können. Oder folgen Sie dem Vorschlag von C. Spengler-Rost und ‹erden› sich; stehen Sie zu ihren Fähigkeiten indem Sie sich vor schwierigen Aktionen oder Situationen auf das Blatt stellen.

Wird das Mißlingen auf fehlende Kompetenzen innerhalb der eigenen Person bezogen (‹Ich bin zu dumm, zu ungeschickt dazu!›), so ist es wichtig, im Gespräch die eigenen Fähigkeiten und Reserven bewußt zu machen.

12A Welche Fähigkeiten standen Ihnen zur Seite, so dass Sie diese Situationen erfolgreich gestalten konnten?

Oft vergessen wir, dass wir ähnliche Situationen wie die aktuell thematisierte schon erfolgreich gemeistert haben. Das hat sicherlich auch mit der Funktionsweise unseres Gehirns zu tun. So ist es kein Zufall, dass wir uns mehrheitlich mit den noch nicht gelösten Aufgaben beschäftigen, da sie uns ein unangenehmes Gefühl vermitteln.

FALLBEISPIEL 12A

Coach: «Welche Fähigkeiten standen Ihnen in dieser Situation zur Seite?»
H. Schmitz: «Mut, Frechheit, die Fähigkeit, das Herz in die Hände zu nehmen.»

Sollten die Gesprächspartner ihre eigenen Fähigkeiten oder Unterschiede zwischen erfolgreichen und erfolglosen Situationen nicht sprachlich benennen können, so liegt es in der Kompetenz des Beraters, durch vorschlagende Fragen den Gesprächspartner zu führen (‹Was meinen Sie, hat das was mit Belastbarkeit oder Durchsetzungsfähigkeit zu tun?›) bzw. die Frage als Aufgabe mitzugeben.

Der Psychologe ALFRED ADLER nennt das Gefühl, das sich mit Mißerfolgen und Ängsten verbindet und sich vor der erfolgreichen Bewältigung einer Situation einstellt, Minderwertigkeitsgefühl. Es dient seiner Meinung nach dazu, uns anzutreiben. Nach der erfolgreichen Bewältigung von Situationen setzt ein Überlegenheitsgefühl ein. Die unzähligen Erfolge, die wir alle aus dem Gedächtnis abrufen können, gilt es zu aktivieren, um in schwierigen Situationen ein Überlegenheitsgefühl zu entwickeln und damit unser Bild von uns selbst ‹zurechtzurücken›.

Dies sind die Reserven, die wir in uns haben:

- Bilder von Erfolgen und die damit verbundenen angenehmen Gefühle!
- Fähigkeiten, die wir damals nutzten und jederzeit wieder nutzen können!

Es gilt im weiteren, die bereits vorhandenen Lösungsstrategien zu aktivieren – und damit das gute Überlegenheitsgefühl bezogen auf eine Situation. Mit anderen Worten, es ist wichtig, uns an die störungsfreien Zeiten zu erinnern, in denen wir gut zurechtkamen. ‹Wir haben immer schon Lösungen gefunden!›

~

12B Wie haben Sie es geschafft, dass die von Ihnen beschriebene Schwierigkeit nicht aufgetreten ist?

Wenn die Erinnerung an eine bestimmte Situation aktiviert ist, so kann sie ausführlich beschrieben werden. Es werden Einblicke in Details, Gedanken und Gefühle möglich, die Lösungsansätze für aktuelle Situationen bieten. Hier liegen Schlüssel für das Öffnen aktuell noch verschlossener Türen. Es ist sehr wichtig, genau herauszuhören, welche Faktoren besonders hilfreich in der damaligen Situation waren.

FALLBEISPIEL 12B

Coach: «Wie haben Sie es geschafft, dass Sie nicht schweigend alles über sich ergehen ließen, sondern das Wort ergriffen?»
H. Schmitz: «Man muß auch mal das sagen, was man für richtig hält. So schwierig war es ja nun auch nicht.»

Blicke in dein Inneres! Da drinnen ist eine Quelle des Guten, die niemals aufhört zu sprudeln, solange du nicht aufhörst nachzugraben.

MARK AUREL

Also ‹graben› Sie bitte nach und stellen Sie die Frage, wie man die gefundenen Fähigkeiten und Reserven wieder aktiviert. Denn wenn Sie identifizieren, was Sie ‹falsch› und was Sie ‹richtig› gemacht haben, dann kennen Sie die Faktoren gemäß der Regeln 1 und 2, die Sie weglassen oder verstärkt einsetzen können, um Ihre Ziele zu erreichen.

12c Was werden Sie tun, um die damals aktivierten Reserven wieder aufleben zu lassen?

Das ABC Ihrer Reserven bzw. Fähigkeiten können Sie bzw. Ihre Gesprächspartner auch bildhaft über den ‹Reserven-Topf› erfassen. Sie können Ihren Gesprächspartner bitten, die von ihm beschriebenen Fähigkeiten und Reserven zu visualisieren, um sie sich besser ins Gedächtnis rufen zu können. Überlassen Sie es ruhig dem Experten für seine Lösungen zu entscheiden, ob er dies in sprachlicher oder bildhafter Form machen möchte, ob er gerne ein leeres Blatt oder die Vorlage ‹Reserven-Topf› nutzen möchte, ob er diese Aufgabe jetzt und hier oder als Aufgabe zu Hause machen möchte.

... und jetzt Sie!
Tragen Sie bitte alle Fähigkeiten, die Sie in Ihrer aktuellen Situation nutzen können, in den Reserven-Topf ein!

Fallbeispiel 12c

Coach: «Was werden Sie in der Gegenwart tun, um die damals aktivierten Reserven wieder aufleben zu lassen?»
H. Schmitz: «Na, ich werde ein Gespräch mit meinem Vorgesetzten vereinbaren.»
Coach: «Welche Inhalte sprechen Sie an, welche Ziele vereinbaren Sie?»

H. Schmitz: «Anstatt dieser Überfälle hätte ich lieber tägliche Besprechungen, was anfällt. Das Prinzip der offenen Tür finde ich gut und würde gerne vereinbaren, dass mein Vorgesetzter das für alle einführt.»

Die an dieser Stelle auftretende Energie und Klarheit über die Ziele kann genutzt werden, um den 1. Schritt auf der Treppe zur Erreichung der Ziele und der vollen Nutzung der Fähigkeiten festzulegen.

III. 13. Fragen nach dem nächsten Schritt

13A Jede noch so lange Treppe beginnt mit dem 1.Schritt.
Was werden Sie machen, um einen Punkt in der Skala zu steigen?
Bis wann werden Sie das erreicht haben?

13B Woran werden Sie oder ein anderer erkennen, dass Sie einen Punkt auf der Skala gestiegen sind?

13C Wenn Sie jetzt bei x auf der Skala sind. Wo möchten Sie in einer Woche oder in einem Monat sein? Was genau ist dann anders? Woran werden Sie oder andere das merken?

Lösungsorientiertes Arbeiten bedeutet schrittweises Vorgehen in Richtung auf ein Ziel.

Fürchte dich nicht, langsam zu gehen!
Fürchte dich nur, stehenzubleiben!

Aus China

Wenn das Ziel bekannt ist und wir uns bewußt sind, welche Fähigkeiten wir für vergangene Erfolge benutzt haben, können wir diese auch für den 1. Schritt benutzen. Das ABC des ersten Schrittes lautet wie folgt:

13A Jede noch so lange Treppe beginnt mit dem 1. Schritt.
Was werden Sie machen, um einen Punkt auf der Skala zu steigen?
Bis wann werden Sie das erreicht haben?

... und jetzt Sie!
Tragen Sie Ihren Ist-Zustand sowie den 1. Schritt in die rechte Spalte der nachfolgenden Skala ein.

10 =	wenn alles optimal läuft	10
9		9
8		8
7		7
6 =	mein nächster Schritt	6
5 =	wo ich gerade stehe	5
4		4
3		3
2		2
1 =	wenn alles genau falsch läuft	1

FALLBEISPIEL 13A

Coach: «Sie werden mit Ihrem Vorgesetzten ein Gespräch führen. Das ist ein Wort! Wie können Sie Ihre Fähigkeiten, den Mut, wenn Sie sich sicher fühlen, nutzen, um Ihrem Vorgesetzten nahezulegen, dass Sie tägliche Absprachen und das Prinzip der offenen Tür als tägliche und rituelle Kommunikationsregeln vereinbaren wollen. Auf der Skala, die der Gradmesser ist, wieviel vom Wunder schon erreicht wurde, stehen Sie zwischen 3-4. Womit möchten Sie beginnen, dass Sie einen Schritt höher auf der Skala stehen?»

H. Schmitz: «Na, ich müßte ihn mir einmal schnappen!»

~

13B Woran werden Sie oder ein anderer erkennen, dass Sie einen Punkt auf der Skala gestiegen sind?

... und jetzt Sie!
Notieren Sie Ihre Antwort in Stichworten.

Der Gesprächspartner beschreibt positive Veränderungen und die damit verbundenen angenehmen Gefühle. Auch dieser Schritt wirkt angenehm und hat nichts von den Angstgedanken eines möglichen Versagens, die eher unsichere bzw. problemfokussierte Menschen vor schwierigen Situationen empfinden.

FALLBEISPIEL 13B

Coach: «Woran werden Sie oder z.B. der Kasulke erkennen, dass Sie einen Schritt auf der Skala geklettert sind?»
H. Schmitz: «Na, dann steht der Termin und der Chef weiß auch die Themen und der Kasulke, der würde ganz schön staunen über meinen Entschluß!»
Coach: «Die Tatsache, dass Sie einen Termin für ein persönliches Gespräch mit Ihrem Vorgesetzten vereinbart haben, das bringt Sie schon einen Schritt nach vorne, nicht wahr? Dann sind Sie auf ...»
H. Schmitz: «... so um die 5!»

Ein noch so kleiner Schritt, der erfolgreich gegangen wurde, bringt Sie Ihren Zielen näher als das Jammern, dass große Schritte nicht möglich sind!

Kleine Taten, die man ausführt, sind besser als große, die man plant.

G.C. MARSHALL

13C Wenn Sie jetzt bei x auf der Skala sind.
Wo möchten Sie in einer Woche oder in einem Monat sein?
Was genau ist dann anders? Wie werden Sie das machen?
Woran werden Sie oder andere das merken?

Die drei Fragebeispiele für das ABC des nächsten Schrittes dienen der Bewußtmachung, dass wir unser Leben innerhalb bestimmter Grenzen selbst auf vielfältigste Art und Weise planen und verändern können. Jeder hat die

Macht, Entscheidungen zu treffen. Die Energie, die mit den Erfolgen kommt, läßt sich durch eine geistige Vorwegnahme der Handlungen greifbar machen. Der Blick in die Lösungswelt schafft positive Energie und vermeidet gleichzeitig die unangenehme Problemstimmung.

Im Dialog – auch im inneren Dialog mit uns selbst – können wir diverse Reaktionsmöglichkeiten anderer Personen vorwegnehmen. Durch das Anlegen einer solchen Gedächtnisspur sind wir in der Lage, trotz der Aufregung, die wir verspüren, auf Sätze zurückzugreifen, die wir speziell für diese Situation gespeichert haben. Die Wahrscheinlichkeit für eine Gedankenblockade wird so minimiert. Riesige Erfolge hat diese Methode schon über Jahrzehnte hinweg bei der verhaltenstherapeutischen Behandlung von Phobien (überhöhte Ängste) bewiesen.

> **Auch eine Reise von 1000 Meilen beginnt mit dem ersten Schritt.**
>
> LAOTSE

FALLBEISPIEL 13C

Coach: «Wenn Sie dann bei 5 sind, wo werden Sie sein, wenn das Gespräch gemäß Ihren Wünschen verlaufen ist?»

H. Schmitz: «Dann bin ich vielleicht so bei 8!»

Coach: «Was ist dann anders, wenn Sie bei 8 sind?»

H. Schmitz: «Mein Chef akzeptiert meine Meinung und hat Zeit für mich gehabt. Wir grüßen uns freundlich und respektieren einander als gleichwertig, das Vorgesetztenverhältnis wird nicht mehr rausgekehrt.»

Coach: «Wer wird noch merken, dass etwas anders ist?»

H. Schmitz: «Na, meine Frau, die wäre zufrieden, weil ich zufriedener bin und auch ruhiger!»

III. 14. Komplimente und hilfreiche Fragen

14A Ein-Wort-Verstärker: Super, Klasse, Wunderbar, Prima, Toll, Respekt!
14B Nach dem, was Sie mir erzählt haben, traue ich Ihnen das ohne weiteres zu! Wie sind eigentlich die Rahmenbedingungen, wenn alles optimal läuft?
14C Was brauchen Sie, damit sich Ihre Zuversicht erhöht, dass Sie Ihr Ziel erreichen? Was würde Ihnen helfen?

Ein zentrales Element der Lösungsorientierung ist das Schaffen und Aufrechterhalten einer zuversichtlichen Gesprächsatmosphäre. Mehlmann & Röse (2000) beschreiben es als «hilfreich, die Ansätze, die die Kunden bereits erfolgreich in ihrem Lösungsbereich realisieren, besonders zu betonen.» Die nonverbalen Gesprächsverstärker aus dem Problemgespräch lassen sich für das Lösungsgespräch mit verbalen Verstärkern ergänzen. Nach meinen Erfahrungen ist es angenehmer, die Erfolge durch sprachliche Komplimente erfolgreicher wirken zu lassen als die Problemfokussierung durch verbale Verstärker zu vertiefen.

Beispiele für jederzeit einschiebbare sprachliche Verstärkungen haben Sie sicherlich zur Genüge zur Verfügung, so dass diese Übersicht Ihnen lediglich den bewußten Einsatz im Lösungsbereich nahelegen möchte.

14A Ein-Wort-Verstärker: Super, Klasse, Wunderbar, Prima, Toll, Respekt, Gut!

Diese respektvoll und ehrlich gemeinte Rückmeldung zu einem angemessenen Zeitpunkt reduziert die Ängste vor dem Wandel, indem sie die Selbstverständlichkeit unterstreicht, mit der Sie davon ausgehen, dass Sie und Ihre Gesprächspartner natürlich in der Lage sind, sich von den Problemen zu lösen und die gesteckten Ziele zu erreichen.

Ein freundliches Wort kostet nichts und ist doch das schönste aller Geschenke.

D. du Maurier

Wenn Sie die Erfolge der Vergangenheit gehört haben, und Sie Bescheid wissen über die Lösungsstrategien und den geplanten Einsatz bis zu einem bestimmten Termin, können Sie das Gefühl der Selbstsicherheit Ihrer Gesprächspartner durch ein Kompliment stärken und gleichzeitig nach der Zuversicht für das Erreichen des festgelegten Schrittes fragen.

FALLBEISPIEL 14A

Coach: «Ihre Frau ist zufrieden? Das ist doch ein phantastischer Zusatznutzen!»

~

14B Nach dem, was Sie mir erzählt haben, traue ich Ihnen das ohne weiteres zu! Wie sind eigentlich die Rahmenbedingungen, wenn alles optimal läuft?

Bisweilen hilft eine Veränderung im Umfeld, Ziele zu erreichen. Daher ist es wichtig, Erfolgsfaktoren innerhalb der Rahmenbedingungen zu erfassen.

FALLBEISPIEL 14B

Coach: «Nach dem, was Sie mir erzählt haben, kann ich mir gut vorstellen, dass Sie das schaffen werden. Haben sich auch die Rahmenbedingungen verändert, wenn Sie den wunderbaren Zustand erreicht haben?»

H. Schmitz: «Ich hätte dann gefragt, ob ich einen neuen PC bekommen kann, also, ich hätte ihn dann bekommen.»

~

14c Was brauchen Sie, damit sich Ihre Zuversicht erhöht, dass Sie Ihr Ziel erreichen? Was würde Ihnen helfen?

Die Frage «Was brauchen Sie ...» löst die problemfokussierte Frage «Was hindert Sie ...?» ab. Sie ist offen und das Nachdenken über die Antwort bietet zahlreiche Möglichkeiten, über Unterstützung aus dem Umfeld bzw. die Aktivierung eigener Reserven und Fähigkeiten zu reflektieren und Aktionen systematisch zu planen.

FALLBEISPIEL 14C

Coach: «Was brauchen Sie, damit Ihre Zuversicht bei 9 liegt?»
H. Schmitz: «Hmm, eine gute Frage! Was brauche ich? Die Sicherheit, dass ich eine richtige Sichtweise vertrete (lächelnd) und einen Tag mit guter Laune.»

III. 15. Ungewöhnliche Kommunikation

15A Paradoxe Kommunikation
15B Provokative Kommunikation
15C Übertreibungen

Dieses Kapitel beinhaltet sowohl lösungsorientierte Fragen, die vom üblichen Weg abweichen, als auch die erfolgreichsten Methoden der Konfliktlösung für Paare und Gruppen.

> **Der Humor ist keine Gabe des Geistes.**
> **Er ist eine Gabe des Herzens.**
>
> LUDWIG BÖRNE

Die paradoxe Kommunikation nutzt die Kreativität und den Humor als eine wichtige Quelle menschlicher Kraftreserven, um sich von dem Problem zu distanzieren

15A Was könnten Sie machen oder denken, damit es Ihnen noch schlechter geht?

Eine wichtige Voraussetzung für diese Methode ist eine gute Beziehung zwischen den Gesprächspartnern. Dann erweisen sich paradoxe Fragen als gute Alternative, Hemmschwellen zu überwinden und über Ziele und Lösungen zu sprechen. Dieses auch als ‹paradoxe Intention› bekannte und von FRANKL, WATZLAWICK u.a. benutzte Verfahren beinhaltet die Aufforderung, die Situation sich noch schlimmer und das Problem noch stärker vorzustellen. Das Aussprechen meist sozial unerwünschter Dinge löst eine Art Befreiung aus. Obwohl diese Methode nicht in allen Situationen ihre wissenschaftliche Bestätigung fand, ist sie in der Lage, als integraler Bestandteil der Lösungsorientierung Distanz zum Problem zu schaffen. Es entsteht bisweilen eine innere Erleichterung durch den humorvoll eingenommen Abstand zum Problem.

Fallbeispiel 15a

Coach: «Es freut mich, dass Sie so zuversichtlich sind! Jetzt einmal eine ungewöhnliche Frage: Was könnten Sie machen oder denken, um ihre Zuversicht zu reduzieren? Wie könnten Sie den Angsthasen in Ihnen groß und stark machen?»

H. Schmitz: «Auf den Angsthasen in mir hören und fest mit einer Kündigung rechnen!»

~

15b Provokative Kommunikation

Der provokative Stil wurde von dem amerikanischen Psychologen Frank Farelli (1963) zunächst wie die meisten hier beschriebenen Modelle für den psychotherapeutischen Bereich entwickelt. Farelli war es leid, immer verständnisvoll und mitfühlend auf seine Klienten zu reagieren. Mit Hilfe des provokativen Stils soll die problemorientierte Stimmung unterbrochen und Reserven freigesetzt werden. Voraussetzungen sind:

- eine intakte Beziehung zwischen den Gesprächspartnern, die durch die Prinzipien Fairneß, Aufrichtigkeit und Anerkennung der menschlichen Würde geprägt ist,
- dass beide über die Formulierung lachen können. Die Formulierungen sollten mit einem Augenzwinkern ausgesprochen werden.

Beispiel: «Ich suche mir immer den falschen Job aus!»
Absurde Umdeutung: «Manche Leute haben die Fähigkeit, sich aus 1000 Jobs genau die Idioten-Stelle auszusuchen!»

Diese Äußerung kann den Gedankenfluß des Gegenüber lockern und so eine Hilfe sein, Lösungen zu entwickeln. Ihr Gegenüber soll lachen können und einen distanzierteren Zugang zu seinem Problem bekommen.

Fallbeispiel 15b

Coach: «Und? Lassen Sie wieder den Angsthasen raus, der lieber davon hoppelt, als ein schwieriges Gespräch zu führen?»
H. Schmitz: «Ich und Angsthase? Pah! Wenn ich mir das vornehme, dann schaffe ich das auch!»

~

15c Übertreibungen

Die oben skizzierten Übertreibungen: ‹Immer›, ‹nie›, ‹alle›, ‹keiner› können durch den Zuhörer aufgegriffen werden. Wird eine der vier benutzt, so kann alternativ zum Umdeuten nach Ellis, Meichenbaum oder Satir der Zuhörer alle vier benutzen und so dem Gegenüber einen stark übersteigernden Spiegel vorhalten.

Beispiel 1: «Nie komme ich mit der Schulklasse zurecht!»
Übertreibung: «Nie kommen Sie zurecht. Immer machen die Schüler, was sie wollen. Keiner hört Ihnen zu. Alle sind ungehorsam und unaufmerksam.»

Beispiel 2: «Was soll ich mit der Klasse machen?»
Übertreibung: «Töten sie doch einfach alle, dann haben Sie Ihre Ruhe!»

Diese unsinnigen Ratschläge führen Ihren Gesprächspartner zu dem Verständnis, dass von Ihnen keine Ratschläge zu erwarten sind, und dass die Verantwortung für seine Lösungen bei ihm selbst liegt.

Fallbeispiel 15c

Coach: «Nie werden Sie das schaffen, den Angsthasen in Ihnen an die frische Luft zu setzen!»
H. Schmitz: «Und ob, diesmal schon! Wetten?!»

… und jetzt Sie!
Denken Sie Ihre Befürchtungen einmal richtig zu Ende. Schreiben Sie eine Geschichte, in der alles schief geht, was Sie unternehmen. Malen Sie sich die möglichen Katastrophen in aller Ausführlichkeit aus!

An dieser Stelle möchte ich auf wichtige Erkenntnisse der Kommunikationspsychologie und der Konfliktlösungsforschung aufmerksam machen, deren Kenntnis nicht nur für den Herr Schmitz, sondern auch für Sie ein wichtiges Mittel zur Erreichung Ihrer zwischenmenschlichen Ziele ist. Denn nur mit Hilfe von Kommunikation können Sie Ihre zwischenmenschlichen Ziele erreichen! Die Erwartungen an die Kommunikation werden dann erfüllt sein, wenn alle an der Kommunikation beteiligten Parteien Ihre Bedürfnisse befriedigt und gemäß ihrer Interessen einen Erfolg erzielt haben. Wie wir unsere Bedürfnisse via Kommunikation zu befriedigen versuchen, beschreibt GORDON (1989, 1993).

Botschaften nach Gordon

Der Sender kodiert (verschlüsselt) seine Botschaft in bestimmte Zeichen, die in Form von Sprache, Musik, Gestik etc. (Medium) über bestimmte Kanäle (Ohr, Auge, Fühlen) gesendet werden. Der Empfänger dekodiert (entschlüsselt) diese Botschaft, reagiert gemäß seiner Bedürfnisse, Gefühle und Wahrnehmungstendenzen und wird zum Sender. Dieser Kommunikationsablauf beinhaltet einen steten Rollenwechsel und eine gleichzeitige Fähigkeit des Zuhörens, Nachdenkens und Formulierens von Botschaften. Folgende Gruppen von Botschaften lassen sich unterscheiden:

1. Versteckte Botschaften

Dies sind Äußerungen ‹durch die Blume›, in denen eigene Wünsche, Gefühle oder Bedürfnisse eher indirekt zum Ausdruck kommen.

Beispiele: «Es zieht …» oder
«Jemand sollte mal einkaufen gehen …» oder
«Tut man das?»

Auch Ironie – das Gegenteil sagen, von dem, was man denkt – und das Verstecken hinter Normen («Das tut man nicht») beschreiben die Tendenz, die wahren Gefühle zu verbergen. Damit wird das Ziel der Kommunikation nur schwer erreicht; der Empfänger hat viele Möglichkeiten auszuweichen («Hier (Mir) zieht's nicht») oder den Ball zurückzuwerfen («Dann geh' doch einkaufen!»). Diese Botschaft begünstigt das Bedürfnis, Anerkennung in der Gruppe zu erlangen (durch Witze).

2. Lösungsbotschaften

Durch eine Lösungsbotschaft sagt der Sender dem Empfänger, was er zu tun oder zu lassen hat.

Beispiele: «Mach die Tür zu! Lass das! Geh in Dein Zimmer!»

Diese Botschaften werden bei militärischen Institutionen genutzt (Befehl und Gehorsam als Kommunikationsprinzip). Sie zeichnen sich durch die Befehlsform aus. Der Empfänger weiß genau, was er machen soll. Das bedeutet natürlich auf der anderen Seite, dass der Empfänger weniger Machtbedürfnisse sowie sein Streben nach Selbstverwirklichung befriedigen kann.

Eine Möglichkeit, wie die Beteiligten auf einer (Macht-) Ebene kommunizieren können, beschreibt das Prinzip ‹Fragen statt Sagen›. Damit wird der gleiche Sachverhalt als Frage formuliert, die die Gesprächspartnerin allerdings dann auch verneinen darf.

«Machst Du bitte die Tür zu?» hat einfach einen anderen Klang und zeigt über den Tonfall, dass eine intakte Beziehung mit Respekt vor dem anderen besteht oder angestrebt wird.

3. Du-Botschaften

Du-Botschaften sind Äußerungen, in denen über den anderen Mitteilungen gemacht werden.

Beispiel: «Bist Du im Zelt groß geworden.
Kannst Du gar nichts richtig machen?»

Manchmal werden Du-Botschaften als Lob (s.a. Kap. 14A) benutzt, vielfach aber als Mitteilungen, die «urteilen, verurteilen, werten, nörgeln, beschimpfen, verhöhnen, beschämen, herabsetzen, demütigen, polemisieren, beschuldigen, warnen, ermahnen, drohen, moralisieren usw. – sie alle verbergen die eigenen Bedürfnisse und drängen den anderen in eine Verteidigungshaltung» (Hobmair, 1997). Welche Botschaft eine Du-Botschaft ist und welche nicht, entscheidet in der Regel der Empfänger. So kann eine als Witz gemeinte versteckte Botschaft («Na, heute mit dem falschen Bein aufgestanden?») vom Empfänger als Du-Botschaft verstanden werden und mit der entsprechenden Reaktion («Und wenn schon? Was kümmert 's Dich?») versehen werden.

Auch die Beziehung zwischen den an der Kommunikation beteiligten Personen lassen sich durch Botschaften analysieren. Wo das Verhältnis schlecht ist, herrschen Du-Botschaften und versteckte Botschaften vor, Lösungsbotschaften werden weitestgehend boykottiert («Bring' die Mülltonne raus!», «Mach' doch selber!»). Das Ziel der Botschaft (Regelung von Sachfragen, intakte Beziehung, die Bedürfnisse befriedigt) wird meistens nicht erreicht.

Während Du-Botschaften eine katastrophale Wirkung auf die Vorstellung des Empfängers von sich selbst haben können, weil sie seinen Charakter in Zweifel ziehen, ihn als Mensch ablehnen, seine Unzulänglichkeiten betonen und ein Urteil über seine Persönlichkeit fällen, gibt es eine Form, Kommunikation zum Gewinn für alle Beteiligten zu machen. Das Gewinner-Gewinner-Prinzip basiert auf dem kompletten Verzicht auf Du-Botschaften und dem Formulieren von Ich-Botschaften.

4. Ich-Botschaften

Ich-Botschaften sind Aussagen über meine eigenen Gefühle und Bedürfnisse.

Beispiele: «Ich fühle mich wohl mit Dir. Ich habe im Moment ein echtes Problem. Ich weiß nicht mehr weiter. Ich fühle mich klein und hilflos.»

Diese Aussagen in Form von Du-Botschaften (z.B. «Du machst mich rasend. Du machst mich fertig. Du bist ein ...») greifen denjenigen an, der vom Sender als der Verantwortliche ausgemacht wird.

Ich-Botschaften bringen stattdessen den anderen dazu, über eigene Fehler nachzudenken. Der Adrenalinspiegel bleibt unten, so wird die Gefahr von Du-Botschaften als Antwort minimiert. Zudem gibt es nichts Klareres als Aussagen über den eigenen Gefühlszustand, wobei es meines Erachtens eine Stärke ist, über Gefühle sprechen zu können. Folgende Beispiele sollen den Unterschied zwischen Du-Botschaften und Ich-Botschaften verdeutlichen:

DU-BOTSCHAFT	ICH-BOTSCHAFT
«Du redest vielleicht einen Unsinn daher!»	«Ich verstehe nicht, was du meinst.»
«Du redest zuviel, Du Egoist, sei einmal still!»	«Ich würde dir gerne auch etwas sagen.»
«Du bist gemein und rücksichtslos!»	«Was du jetzt gesagt hast, hat mich sehr getroffen.»
«Du drehst mir immer das Wort im Mund herum!»	«Ich fühle mich von dir nicht verstanden.»

Erkennen Sie die Kommunikationssperren:

1. Versteckte Botschaften:
   Ablenken, aufziehen; Sprüche, Weisheiten; Ironie, Sarkasmus.
2. Lösungsbotschaften:
   Befehlen, anordnen, Vorschläge machen.
3. Du-Botschaften:
   Warnen, mahnen, drohen; Moralpredigt; urteilen, kritisieren, nörgeln; Vorwürfe machen, beschimpfen; loben.

… und jetzt Sie!

Erkennen und Umformulieren von Kommunikationssperren.

1. Aussage Der Vorgesetzte sagt zum Mitarbeiter:	2. Erkennen	3. Umformulieren Ihr Vorschlag der Ich-Botschaft bzw. Prinzip: ‹Fragen statt sagen›
Das hätten Sie besser unterlassen!	*Drohen –> Du-Botschaft*	*Ich fand das nicht in Ordnung!*
Sie machen jetzt sofort die Ablage!		
Das sagen Sie, weil Sie verärgert sind …		
Nur schlechte Mitarbeiter denken so.		
Das machen Sie nicht noch einmal!		
Erst denken, dann sprechen …		
Du bist ein ganz schöner Kotzbrocken.		

Auflösung s.S. 138

Ziel der Vorgehensweise ist es, dass sich alle Beteiligten als Gewinner fühlen. Um Gewinner-Gewinner-Situationen herzustellen, ist es wichtig zu kooperieren. Nach dem Harvard-Konzept (Fisher et al., 1997) ist es dabei von großer Wichtigkeit, nicht um Positionen zu feilschen, sondern sich statt dessen auf die Interessen und Bedürfnisse zu konzentrieren. Ein wesentliches Element besteht also nicht aus dem Feilschen um richtig oder falsch, TV oder Kino als Abendbeschäftigung oder 2,4 bzw. 4,2 Prozentpunkte Lohnerhöhung bei den Tarifvereinbarungsgesprächen.

Erfolgreiche Verhandlungen zeichnen sich dadurch aus, dass in einer Atmosphäre der Offenheit die eigenen Interessen und Bedürfnisse kommuniziert werden. Wie die Autoren zeigen konnten, entstehen daraus zumeist Kooperationen, die die Nachteile ‹fauler› Kompromisse überwinden. Denn wenn ein Kompromiß entstanden ist, dann wissen Sie selbst, dass sich zumindest eine der Verhandlungsparteien nach dem Abschluß unwohl fühlt. Irgendwann muß doch wieder nachverhandelt werden und erst dann wird Zufriedenheit herrschen, wenn beide sich als Gewinner fühlen. Die Zeit bis zu diesem befriedigenden Abschluß wird durch einen Kompromiß nicht optimal genutzt.

Commitment, das innere ‹Ja› zu einem ausgehandelten Kompromiß, bedeutet, nicht über das zu jammern, was fehlt, sondern auch zu 100 % hinter einer nicht optimalen Vereinbarung zu stehen.

Sprenger schreibt (1998, S. 219):

«Commitment schaut nicht auf das, was fehlt, sondern auf das, was möglich ist. Dazu gehört dann auch, keine Vereinbarung zu treffen. Wenn Sie zu keiner für beide tragfähigen Lösung kommen, einigen Sie sich, sich nicht zu einigen. *Let's agree to differ.* Dies ermöglicht, sich energievoll neuen Aufgaben zuzuwenden. Wenn ein ‹Ja› aber nur erfolgt, um die unangenehm erlebte Situation zu beenden (Flucht) oder um einem anderen Menschen einen Gefallen zu tun oder weil sie glauben, dass alles andere zu furchtbaren Konsequenzen führt, dann machen Sie sich ihr Leben selber schwer.»

Auch Kampfstrategien, die sich durch den Einsatz von Tricks unter Benutzung von Machtquellen auszeichnen, fördern nicht das Zustandekommen von Kooperationen, sondern sind Bestandteil von Kompromissen.

Als schädlichste Strategie erscheint jedoch die Fluchtstrategie. Während Fluchtverhalten früher durch körperliches Entfernen aus der Situation tatsächlich durchgeführt wurde, erleben wir heute immer mehr Fälle von ‹innerer Kündigung› im Arbeitsleben. Dies bedeutet im Arbeitsalltag, problemfokussiert nicht zu seinen Interessen zu stehen und für sie nicht einzutreten. Statt dessen werden vielfach unangenehme Sachverhalte ‹heruntergeschluckt›, was sich in vielen Formen von Magen- und Rückenschmerzen, ‹Krücken› wie Alkohol- oder Tablettenmißbrauch sowie Aggressionen u.a. psychosomatischen Erkrankungen zeigt.

Nur Gespräche in einer offenen Atmosphäre können Kooperationen erzeugen. Ein möglicher Weg, die hier beschriebenen Inhalte durch ein Kritik- oder Konfliktgespräch, durchzuführen, ist das ‹Kaffeegespräch›.

In einem Kaffeegespräch einigen sich alle Parteien, sich in einem ruhigen Moment bei einer Tasse Kaffee zusammenzusetzen und über die Sachverhalte zu sprechen, die nicht gut gelaufen sind. Um eine Problemfokussierung zu vermeiden und den Adrenalinspiegel so niedrig wie möglich zu halten, empfehle ich eine Vorgehensweise mit folgendem Ablauf:

1. Phase: Kompliment = Positive Ich-Botschaft
   «In den letzten Wochen haben wir sehr gut bei dem Kunden X zusammengearbeitet, das hat mir gut gefallen!»

2. Phase: Situationsbeschreibung
   «Eine Situation hat mir nicht behagt. Der Kunde hatte an mich eine Frage gerichtet und bevor ich antworten konnte, hast Du für mich geantwortet.»

3. Phase: Ich-Botschaft
   «An dieser Stelle habe ich mich gefühlt wie ein Anfänger.
   Das hat mich geärgert!»

4. Phase: Die Meinung des anderen erfahren
   «Wie siehst Du das?» Bitten Sie den anderen um seine Sicht.
   Lassen Sie aber nicht zu, dass Sie sich selbst verteidigen oder aufregen. Respektieren Sie die Sichtweise des anderen und versuchen Sie, Gemeinsamkeiten zu finden.

5. Phase: Wunsch für die Zukunft
   «Ich freue mich über dieses Engagement, aber in Zukunft möchte ich von Dir nicht unterbrochen werden. Bei einer Frage an mich werde ich mich an Dich wenden, wenn mir nichts einfällt oder Du führst meine Gedanken weiter, wenn ich geendet habe.»

6. Phase: Commitment einholen
   «Ist das für Dich in Ordnung?»

Holen Sie sich das Commitment ein. Eine Regelung, zu der Ihr Gesprächspartner nicht sein klares ‹Ja› gegeben hat, ist keine gemeinsame Regelung und wird wahrscheinlich nicht funktionieren. Dieses Vorgehen führt in vielen Fällen zu Absprachen, die zum einen sehr häufig eingehalten werden, zum anderen den Gesprächspartner nicht in Erklärungsnot und Verteidigungshaltung bringen.

Wenn Sie als Zuhörer merken, dass Sie beginnen sich aufzuregen, so versuchen Sie einfach, die Worte des anderen so zu beachten, dass Sie die gehörten Worte wiedergeben können. Schauen Sie nach vorne, nicht rückwärts und seien Sie hart in der Sache, aber weich zu den Menschen.

… und jetzt Sie!

Kaffeegespräch – formulieren Sie für ein Problem Ihrer Wahl Ihre Gefühle und Wünsche an Ihren Gesprächspartner vor:

1. Phase – Kompliment:

2. Phase – Situationsbeschreibung:

3. Phase – Ich-Botschaft:

4. Phase – Die Meinung des anderen erfahren:

5. Phase – Wunsch für die Zukunft:

6. Phase – Commitment einholen:

III. 16. Lösungsorientierung in der Sprache

16A Der kritische Dialog (der eigenen Regeln und Werte)
16B Reframing – Umdeutung
16C Was machen (denken) Sie statt dessen?

Sprechen und Denken – was haben diese beiden komplexen Prozesse miteinander zu tun? Vereinfacht ausgedrückt: Sie sind voneinander abhängig. Wir sprechen (bisweilen) aus, was wir denken und wir bedenken (nicht immer), was wir sprechen. Sprechen wir über unsere Probleme, so denken wir an Probleme und geraten oft in eine ‹Problemstimmung›. Denken wir an unsere Träume, an Gespräche, die wunderbar verlaufen, so geraten wir ins Schwärmen und in eine motivierte Lösungsstimmung. Deswegen ist es von großer Wichtigkeit, bei Gesprächen nicht nur auf Inhalte, sondern auch auf die Wahl der Gedanken und Worte zu achten.

Ellis (1977) entwickelte ein umfassendes System der Veränderung hemmender Gedanken ähnlich dem Ansatz von Satir. Das Problem vieler Menschen besteht nach Ellis darin, dass sie verlangen, erfolgreich und anerkannt zu sein, dass sie darauf bestehen, fair behandelt zu werden oder diktieren, dass das Leben amüsanter sein sollte.

16A Der Kritische Dialog

In einem Selbstgespräch gilt es, die eigenen Gedanken zu hinterfragen. Anstelle eines Monologs soll eine zweiseitige Diskussion mit sich selbst zu einer Distanzierung führen, das Einfühlungsvermögen in andere Beteiligte steigern, zu einer kritischen Einstellung seiner selbst und in Folge dessen zu einer Einstellungsänderung führen. Ein kritischer Dialog der inneren ‹Muß›-Gedanken (‹So muß es sein!›) führt zu einer Veränderung der Gedanken, die sich wiederum in neuen Potentialen des Selbstwertgefühls zeigen.

Beispiel: Ein kritischer Dialog zum Thema ‹Pünktlichkeit›. «Wieso muß ich eigentlich immer pünktlich sein? Die anderen sind es ja auch nicht. Aber ich warte nicht gerne. Ich will die anderen nicht warten lassen. Das gehört sich nicht! (Regel darin: Ich darf niemanden warten lassen) Na ja, meistens warte ich dann, weil ich zu früh oder pünktlich bin. Die anderen nehmen das nicht so wichtig. Eigentlich ist es das ja auch nicht. Früher als Kind legten meine Eltern schon viel Wert auf Pünktlichkeit. Aber heutzutage … na ja. In der Zeit, in der ich warte, kann ich ja etwas machen, was ich sinnvoll finde. Dann habe ich was Schönes zu tun und bin abgelenkt. Ich brauche mich dann nicht mehr zu ärgern über die Unpünktlichkeit anderer. Es gibt mir Gelegenheit, etwas anderes zu machen. Pünktlichkeit ist wichtig, aber kleinere Verspätungen so um die 15 Minuten, das kann ich aushalten.»

… und jetzt Sie!
Führen Sie an dieser Stelle Ihren eigenen kritischen Dialog!

Fallbeispiel 16a

Coach: «Führen Sie doch bitte einmal einen kritischen Dialog zum Thema: Der Angsthase in mir!»

H. Schmitz: «Na, ich war schon von klein auf ein ziemlich ängstliches Kind, da haben viele gespottet. Aber es gab auch Situationen, da bin ich so wütend geworden, dass ich mich geprügelt habe. Also immer war ich auch nicht so. Später habe ich schon öfter den Kopf eingezogen. Das hat mir im Nachhinein aber nicht so viele Vorteile gebracht, wie ich dachte. Auf der einen Stelle schweige ich, an der anderen Stelle lasse ich es raus. Aber die völlig Falschen kriegen dann meinen Senf ab. Das ist nicht gut, da habe ich noch eine zweite Baustelle geöffnet, was mich noch mehr nervt. (Pause) Am besten wäre es, wenn ich sofort meine Meinung sagen könnte. Angemessen, aber sofort! Und dem Richtigen!»

16B Reframing – Umdeutung

Die Fähigkeit, durch Umdeutungen von Aussagen (Reframing) Verhalten neu einzuschätzen und althergebrachte Sichtweisen zu revidieren, gilt es konsequent bei sich und anderen einzusetzen, um die Entstehung von Blockaden zu verhindern.

Die Arbeit mit Umdeutungen soll das Beispiel 1 verdeutlichen:

Person A: «Eine Person meines Umfelds unterbricht mich häufig und macht sich zum Mittelpunkt.»

Person B: «Welche positiven Fähigkeiten zeigen sich dadurch bei dieser Person gleichzeitig?»

Reframing Person A:
«Nun, sie kann sich durchsetzen und erreicht vielfach ihre Ziele.»

Der Dialog regt zum Nachdenken an: Wie kann ich den positiven Anteil von scheinbar negativen Eigenschaften für das Erreichen eines veränderten Denkens nutzen?

Reframing-Aufgabe 1 für Sie:

«Mein Chef ist für solche Vorschläge einfach nicht offen.»

Lösungsorientiertes Reframing:

Beispiel 2: «Das Kind ist unerzogen.»

Problemfokussierte Fortsetzung:
«Ja, schlimm. Heutzutage haben die Eltern einfach keine Autorität mehr!»

Lösungsorientiertes Reframing:
«Es hat seinen eigenen Kopf, ist vielleicht ...»

Reframing-Aufgabe 2 für Sie:

«Mein Mitarbeiter läßt pünktlich alles fallen und fährt schnell zu seiner Familie nach Hause!»

Problemfokussierte Fortsetzung:

Lösungsorientiertes Reframing:

Desweiteren bietet sich die Möglichkeit an, über Fragen unseren Gesprächspartner aus der Welt des Klagens in die Welt der Lösungen zu geleiten.

Beispiel 3: «Nach diesem schrecklichen Ereignis ging es nur langsam aufwärts.»

Problemfokussierte Fragen:
«Was war schrecklich?» «Was machte es langsam?»

Lösungsorientierte Fragen:
«Was war anschließend besser?»
«Woran hast Du gemerkt, dass es aufwärts ging?»

Reframing-Aufgabe 3 für Sie:

«Ich schaffe einfach nicht, im Moment mit dem Rauchen aufzuhören.»

Problemfokussierte Fortsetzung:

Lösungsorientiertes Reframing:

Da die Sprache das Denken beeinflußt, ist es wichtig, die Sprache auf ihren Problemgehalt hin zu überprüfen. Wenn ein Mensch viele negative Begriffe benutzt, ist es wichtig, ihn über die Umwandlung in positiv assoziierte Begriffe in die Welt der Erfolge zu begleiten. Dies läßt sich durch einen mehrstufigen Prozess üben, wie Beispiel 4 verdeutlicht:

Beispiel 4: «Alle meiden mich.»

1. Das Gegenteil von meiden ist ‹jemandem unbedingt sprechen wollen›.
2. Meiden = jemandem nicht sprechen wollen
3. «Gab es auch eine Situation, in der Dich jemand hat unbedingt sprechen wollen?»

Beispiel 5: «Das Leben ist schrecklich»

1. Das Gegenteil von schrecklich ist ‹schön›.
2. Schrecklich = nicht schön
3. Steigerung von schön = schöner
4. «Gibt es auch Zeiten, in denen das Leben schöner ist?»

Reframing-Aufgabe 4 für Sie:

«Alles läuft schlecht.»

1. Das Gegenteil

2. schlecht = nicht

3. Steigerung

4. Gibt es

Die Umdeutung von Worten mit negativer Assoziation gelingt, indem Sie das Gegenteil bilden und dann eine Steigerung ableiten.

Coach: «Das Gegenteil von Ängstlichkeit ist ja Mut oder Sicherheit! Gab es denn schon Situationen, in denen Sie mutiger waren bezüglich Ihres Vorgesetzten?»
H. Schmitz: «Ja früher, da habe ich schon mal öfter den Mund aufgemacht, aber das ist mir nicht immer gut bekommen!»
Coach: «Können Sie sich noch erinnern, wann es Ihnen einmal besser oder sehr gut bekommen ist?»
H. Schmitz: «Ja, da ging es ...»

Während Sie sich mit Problemen beschäftigen, bietet sich jederzeit die Möglichkeit an, durch ein inneres – STOP! den Gedankenfluß zu unterbrechen und sich vor Augen zu führen, ob Sie sich gerade bei der Aneinanderreihung von Problemen und der Vorwegnahme von Mißerfolgen ertappen oder ob Sie Lösungen für Ihr Problem auswählen. Versuchen Sie sich in Ihrer aktuellen Situationen in der folgenden Grafik wiederzufinden. Sind Sie auf der linken Seite oder auf dem ‹ aufsteigenden Ast› rechts?

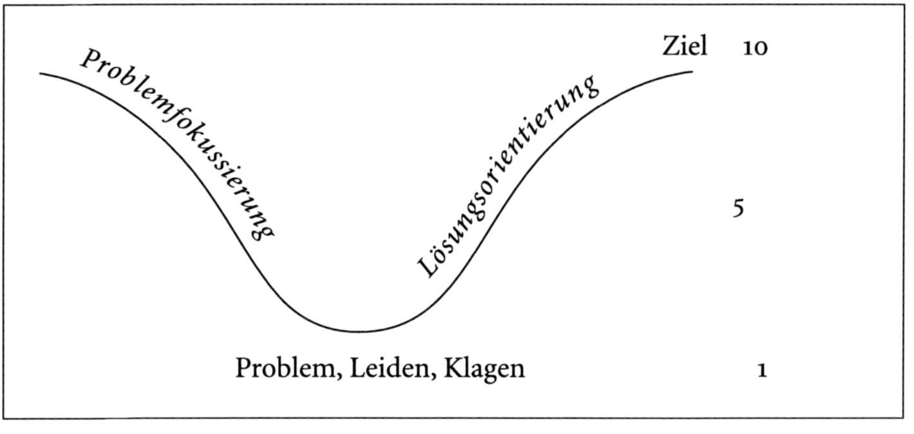

Sind Sie in einem emotionalen Loch, vertiefen Sie es nicht, indem Sie sich weiter mit der Problemsicht auseinandersetzen, sondern gehen Sie in den konstruktiven Teil des Wandels, der Lösungsorientierung. So steigen Sie auf der Skala in Richtung 10. Wenn Sie sich im Gespräch mit jemandem befinden, der klagt und klagt, so ist es wichtig, die Wahrnehmung des anderen zu erweitern, dass es neben den Zeiten, wo es nicht so gut lief, sicherlich auch Zeiten gab, in denen Schwierigkeiten erfolgreich bewältigt wurden. Auch für uns selbst ist es von Vorteil, nach dem stop! auf die Seiten des Tages und des Lebens zu schauen, die in Ordnung sind.

Sie können jederzeit vom linken auf den rechten Ast wechseln, vom Klagen über das, was nicht funktioniert, zum Handeln in kleinen Schritten, um mit vorauseilendem Optimismus Ihre Ziele zu erreichen!

Ihre Gesprächspartner formulieren in vielen Fällen das erste Mal die eigenen positiven Fähigkeiten und Reserven. Dies ist umso wichtiger, wenn man weiß, dass das Sprechen die Wirklichkeit konstruieren hilft. Sprechen und Denken beeinflussen unseren Körper so stark, dass z.B. Gedanken wie: «Oh Gott, die nächste Grippewelle wird mich bestimmt erwischen!» zu einer nachweisbaren Abnahme der Antikörper führt und im Sinne einer sich selbst erfüllenden Prophezeiung der Zustand tatsächlich eintritt, den man für sich selbst vorhergesagt hat. Weil Menschen diese Fähigkeiten der Selbstbeeinflussung besitzen, ist es wichtig, diese Energien positiv zur Zielerreichung zu nutzen und negativ besetzte Worte nicht als Blockade von Handlungen wirksam werden zu lassen.

> **Die Einbildung tröstet die Menschen über das, was sie nicht sein können, und der Humor tröstet sie über das, was sie wirklich sind.**
>
> ALBERT CAMUS

~

16c Was machen (denken) Sie statt dessen?

Vielfach formulieren Menschen nicht ihre Ziele, sondern das, was sie nicht wollen. Aber bis all die Dinge formuliert sind, die nicht gemacht werden sollen, die Bilder zum Leben erweckt wurden, was sich alles nicht ereignen sollte, haben Menschen viel Zeit, Lebensfreude und psychische Kraft vergeudet.

FALLBEISPIEL 16C

Coach: «Anstatt die ‹ Überfälle› Ihres Vorgesetzten zu ertragen, was machen Sie demnächst statt dessen?»

H. Schmitz: «Ich werde was vereinbaren. Das er mich telefonisch zu sich rüberruft und ich vielleicht das Thema schon weiß und mich vorbereiten kann!»

Die Frage: «Was machen Sie statt dessen?» bringt die Energien sofort auf einen lösungsorientierten Weg.

Beispiele:
«Ich will nie wieder so einen Chef haben!» «Wie soll Dein Chef statt dessen sein?»
«Ich habe heute keine Lust auf italienisches Essen!» «Worauf denn?»
«Mein Gehalt sollte nicht so wenig wie letztes Mal betragen.»
«Welche Spanne findest Du dieses Mal angemessen?»

… und jetzt Sie!
Unterstützen Sie die Lösungsorientierung in der Sprache

«Ich empfehle nie wieder Aktien.»

«Ich glaube nicht an einen Gott.»

«Ich fühle keine Liebe mehr für sie.»

«Diese Arbeit macht mir keinen Spaß mehr.»

«Ich will nicht Fußball schauen.»

III. 17. Aufgaben für den Alltag

17A Wenn Sie morgen aufstehen, sagen Sie sich bitte selbst voraus, wie gut Ihr Tag auf einer Skala von 1 bis 10 wird. Am Abend vergleichen Sie dann Ihre Vorhersage mit Ihrer Einschätzung.

17B Bitte suchen Sie sich einen Tag in der nächsten Woche aus und tun Sie so, als sei das Wunder schon geschehen. Das heißt, dass ich Sie ausdrücklich bitten möchte, an diesen Tagen so zu tun, als könnten Sie das, was Sie können wollen. Notieren Sie die Erfahrungen, die diesen Tag anders machten als die anderen.

17C Notieren Sie bitte den Nutzen für Sie, wenn alles so bleibt und Ihren Nutzen, wenn Sie sich von Ihrem Problem gelöst haben. Stellen Sie die gefundenen Argumente gegenüber.

In lösungsorientierten Gesprächen ist es Standard, vor dem Auseinandergehen der Gesprächspartner eine Aktivität zu vereinbaren.

Der Mensch muß sich in der Welt selbst forthelfen.

J. H. Pestalozzi

Die Bearbeitung folgender Frage aus dem ABC der Aufgaben dient dazu, die angenehmen Seiten eines Tages herauszufinden.

17A Die Prognose-Aufgabe:

Wenn Sie morgen aufstehen, sagen Sie sich bitte selbst voraus, wie gut Ihr Tag auf einer Skala von 1 bis 10 wird. Am Abend vergleichen Sie dann Ihre Vorhersage mit Ihrer Einschätzung.

Notieren Sie bitte die Situationen, die angenehm waren und Ihren Tag in Richtung 10 (sehr gut) brachten. Notieren Sie auch die Erlebnisse, die den Tag eher schlecht (1) machten.

Das nächste Gespräch dient dazu, die gefundenen positiven Faktoren gezielt einzusetzen und stärker zu wiederholen. Die unangenehmen Situationen werden thematisiert und lösungsorientiert mit der Wunderfrage angegangen. Sie haben die Möglichkeit, das Wunder einfach einmal auszuprobieren. Dabei instruieren Sie sich für einen Tag so, dass sie sich mit vorauseilendem Optimismus so verhalten, als wäre das Wunder für diesen Tag bereits eingetreten.

Fallbeispiel 17a

Coach: «Wir haben jetzt über Ihre Ziele gesprochen und Sie haben schon darüber gesprochen, was Sie machen möchten. Um zu schauen, was Ihren Tag gut oder schlecht macht, möchte ich Ihnen eine Aufgabe stellen. O.K.?»

H. Schmitz: «Einverstanden!»

Coach: «Wenn Sie morgen aufstehen, sagen Sie sich bitte selbst voraus, wie gut Ihr Tag auf einer Skala von 1-10 wird. 10 heißt super, 1 heißt furchtbar, und am Ende des Tages schauen Sie zurück, was gut war und was weniger und notieren die Faktoren, die einen Einfluß auf Ihren Tag hatten.»

H. Schmitz: «O.K. und was für einen Tag?»

Coach: «Wir sehen uns heute in einer Woche wieder. Ich möchte Sie bitten, dass Sie dies für jeden Tag der Woche durchführen. Da haben wir einen repräsentativen Ausschnitt aus Ihrem Leben, mit den Ergebnissen können wir dann gut arbeiten!»

H. Schmitz: «Einverstanden!»

~

17b Die ‹so tun, als ob›-Aufgabe:

Bitte suchen Sie sich einen Tag in der nächsten Woche aus und tun Sie so, als sei das Wunder schon geschehen. Das heißt, dass ich Sie ausdrücklich bitten möchte, an diesen Tagen so zu tun, als könnten Sie das, was Sie können wollen. (Mehlmann & Röse, 1999). Notieren Sie die Erfahrungen, was diesen Tag anders machte als die anderen (Erlebnisse, Gedanken, Gefühle).

Diese Form der Lösungsstrategie ist vor allem von Vorteil, wenn Sie etwas an sich selbst verändern wollen. Zu einer Diät z.B. oder der Abstinenz von einem Suchtmittel gehört die Fähigkeit, überzeugt ‹Nein› sagen zu können. Dieses ‹Nein› ist dann echt, wenn Sie es mit einem guten stolzen Gefühl sagen können, ohne sich in Gedanken vorzustellen, wie gut es Ihnen gerade schmecken würde. Stattdessen ist das Wunder geschehen und Sie brauchen das Suchtmittel einfach nicht mehr, um den alltäglichen Konflikten zu begegnen. Und dieses ‹Ich bin frei› ist eine Bestätigung der Selbstwirksamkeit und gleichzeitig ein Commitment, das sich selbst verstärkt.

Wenn eine Verbesserung der Beziehung zu einem anderen Menschen das Thema ist, können Sie einen Tag derart gestalten, dass Sie diese Person wie einen guten Freund behandeln. Stellen Sie sich dazu bildhaft vor, die Beziehung wäre frei von Belastungen und Reibereien und die Beziehung zu diesem Menschen ist freundschaftlich.

- Wie wird Ihre freundschaftliche Begrüßung aussehen?
- Wie verhalten Sie sich in einer Diskussion zu einem Arbeitsthema?
- Wie unterhalten Sie sich bei einem angenehmen Telefonat?
- Was machen Sie für Ihren Kollegen/Chef, was Sie in der Vergangenheit nicht gemacht haben?

Fallbeispiel 17b

Coach: «Zudem möchte ich Sie bitten, einen Tag in der nächsten Woche auszusuchen und so zu tun, als ob das Wunder bereits passiert sei. An diesem Tag tun Sie einfach so, als akzeptiere Ihr Chef sie voll und Sie agieren mit Mut und gehen vielleicht auch ein kleines Risiko ein, ohne sich vorher vielfältig abzusichern. Wie, denken Sie, kommen Sie mit dieser Aufgabe zurecht?»

H. Schmitz: «Einen Tag von den nächsten fünf Tagen? (Pause) Ja, das wird spannend, (lächelnd) doch das stelle ich mir schön vor, aber ob ich das mache?»

Coach: «Einen Tag in der Woche. Werden Sie es schaffen?»

H. Schmitz: «Ja, ich denke schon!»

Coach: «Sicher? Wie sicher auf einer Skala von 1-10?

H. Schmitz: «So bei 8! Ja, ich weiß schon, wie ich auf 9 komme, wollen Sie jetzt wissen!»

Coach: «(lachend) Ausgezeichnet Herr Schmitz!
Sehr lösungsorientiert!»

H. Schmitz: «Ich werde mir noch einmal vorher diesen wunderbaren Zustand vorstellen und dann erst loslegen.»
Coach: «Das finde ich eine tolle Entscheidung!»

Diese Aufgabe ist gewiß nicht einfach, aber reizvoll, da sie Reaktionen im Umfeld hervorrufen wird, die vielleicht schon zu einem Gespräch über die Beziehung führen können. Zur Festlegen der Aufgabe ist es wichtig, die Inhalte und den zeitlichen Rahmen fest zu vereinbaren. Dies schafft externe Motivation, die hilft, innere Hemmschwellen zu überwinden. Sollten die Hemmschwellen so hoch sein, dass das Verlassen der Problemfokussierung nicht gelingt, so können Sie die Nutzen-Frage stellen!

~

17c Die Nutzen-Aufgabe:

Notieren Sie bitte den Nutzen für Sie, wenn alles so bleibt wie es ist, und Ihren Nutzen, wenn Sie sich von Ihrem Problem gelöst haben. Stellen Sie die gefundenen Argumente gegenüber. Mit dieser Aufgabe geben Sie dem Gesprächspartner die Möglichkeit, sich den Nutzen der Veränderung vor Augen zu führen und mit dem Nutzen der gegenwärtigen Situation zu vergleichen. Da dieser in den meisten Fällen relativ gering ausfällt, dient das Ergebnis dazu, einen Schritt hin zur Lösungsorientierung zu machen.

Fallbeispiel 17c

Coach: «Sollten Ihnen Zweifel kommen, ob Sie die ‹so-tun-als-ob›-Aufgabe bewerkstelligen können, empfehle ich Ihnen zur Unterstützung die Nutzen-Aufgabe.»
H. Schmitz: «Und – was ist die Nutzen-Aufgabe?»
Coach: «Nun, schreiben Sie den Nutzen auf, der sich mit den eingetretenen Veränderungen ergibt und führen Sie dagegen den Nutzen auf, wenn alles so bleibt, wie es ist.»
H. Schmitz: «Ne, ne, das brauche ich nicht, der Nutzen liegt für mich klar auf der Hand!»

III. 18. Abschlußfragen

18A Wenn unser Gespräch wie ein Menue mit Vorspeise, Hauptspeise und Nachspeise war, ...
18B Die Skalenfrage zur Messung der Zufriedenheit mit dem Gespräch
18C Sie haben Ihr Ziel und den ersten Schritt auf dieses Ziel hin formuliert, ...

Es ist wichtig, die Befindlichkeit Ihres Gesprächspartners zu erfassen, da sie ausschlaggebend ist, ob das Gespräch weitergeführt oder beendet werden soll. Aus den verschiedensten Möglichkeiten habe ich einige ausgewählt, die verschiedene Sinne ansprechen.

18A Wenn unser Gespräch wie ein Menue mit Vorspeise, Hauptspeise und Nachspeise war, ...

... wo befinden wir uns jetzt?
... wie hat es geschmeckt, war es zu wenig oder zu stark gewürzt?
... möchten Sie noch etwas zum Abschluß bestellen, etwas anderes (bestellen)?
... was möchten Sie mir, dem Koch, über das Essen mitteilen?

FALLBEISPIEL 18A

Coach: «Gut, wenn Sie jetzt keine Fragen mehr haben, wünsche ich Ihnen viel Erfolg bei der Umsetzung Ihrer Zielvorstellungen und Ihren beiden Aufgaben, der So-tun-als-ob-Aufgabe und der Prognose-Aufgabe.»
H. Schmitz: «Danke! Nein, keine Fragen mehr!»
Coach: «Da fällt mir noch eine zum Abschluß ein: Wenn unser Gespräch wie ein Menue mit Vor-, Haupt- und Nachspeise war, wie hat es Ihnen geschmeckt?»
H. Schmitz: «Sehr lecker. (lächelnd) Vor allem der Hauptteil mit der Wunderfrage und den Fragen nach den Meinungen der anderen. Das war ‹filet›-mäßig gut! Gut gewürzt und nicht zu lang gebraten. So werde ich gerne bekocht!»
Coach: «Herzlichen Dank für Ihre Rückmeldung!»

18B Die Skalenfrage zur Messung der Zufriedenheit mit dem Gespräch

Skala der Zufriedenheit:

Wie zufrieden sind Sie auf einer Skala von 1 bis 10, wobei 10 für sehr zufrieden und 1 für sehr unzufrieden steht.

Dazwischen können Sie abstufen.

FALLBEISPIEL 18B

Coach: «Wie zufrieden sind Sie mit unserem Gespräch heute auf einer Skala von 1 bis 10, wobei 10 für sehr zufrieden und 1 für sehr unzufrieden steht?»

H. Schmitz: «Sehr zufrieden, 9-10. Ich möchte mich bedanken, jetzt geht's mir besser!»

Wenn das Feedback nicht 9 oder 10 (= sehr gut) ist, ist es im Sinne der Verbesserung der eigenen Fähigkeiten von Vorteil zu fragen: «Nehmen wir an, Sie hätten das Gespräch mit 10 bewertet? Was hätten wir dann anders gemacht?»

~

18C Sie haben Ihr Ziel und den ersten Schritt auf dieses Ziel hin formuliert. Wann werden wir uns darüber unterhalten, dass Sie diesen ersten Schritt gemacht haben?

Die Antwort auf diese Frage beendet gleichsam das Gespräch über inhaltliche Lösungen mit einer zeitlichen und inhaltlichen Festlegung des ersten Teilschritts (Commitment). Wenn unsere Gesprächspartner keine Fragen mehr haben oder keine weiteren Themen besprechen möchten, ist das Lösungsgespräch beendet.

Coach: «Sie haben Ihr Ziel, ein Gespräch mit Ihrem Vorgesetzten zu führen, klar formuliert. Wann werden wir uns darüber unterhalten, dass Sie diesen Schritt erfolgreich hinter sich gebracht haben?»

H. Schmitz: «Nächste Woche um die gleiche Zeit?»

Coach: «Einverstanden. Auf Wiedersehen und viel Erfolg, Herr Schmitz!»

III. 19. Einstiegsfragen für das nächste Gespräch

19A Wie war das Ergebnis der Aufgaben, die Sie sich vorgenommen haben?
19B Was hat sich verbessert vom letzten Gespräch bis heute?
19C Worüber möchten Sie heute mit mir sprechen?

Das Bearbeiten einer Aufgabe zwischen den Gesprächszeiten macht dem Gesprächspartner deutlich, dass er etwas zur Erreichung seiner Ziele machen kann und muß. Der Einstieg in das Folgegespräch beschäftigt sich nahezu automatisch mit der Bewältigung der gestellten Aufgaben.

19A Wie war das Ergebnis der Aufgaben, die Sie sich vorgenommen haben?

Diese Frage zielt darauf, Veränderungen bewußt zu machen. Selbst wenn sich Sachverhalte (z.B. die Höhe des Monatsgehalts nach einer Anfrage beim Vorgesetzten) nicht verbessert haben, so kann die Interpretation dieses Sachverhalts sehr unterschiedlich verlaufen. Sie kann im Sinne einer Problemfokussierung Schlaflosigkeit bereiten und den Arbeitseinsatz verringern; sie kann aber auch als Beweis des Mutes und Entscheidungshilfe für das weitere Arbeitsleben genutzt werden.

FALLBEISPIEL 19A

Coach: «Herzlich willkommen, Herr Schmitz. Wie war das Ergebnis der Aufgaben, die Sie sich vorgenommen haben und das Gespräch mit Ihrem Vorgesetzten?»
H. Schmitz: «Also viel besser, als ich gedacht hatte ...»

19B Was hat sich verbessert vom letzten Gespräch bis heute?

Lösungsorientierung ist auch stets Kundenorientierung. Der Experte für die Lösungen seiner Bedürfnisse hat stets das Recht, das Thema, Produkt oder die Form der Dienstleistung zu wählen, die der Erfüllung seiner Bedürfnisse gerecht wird. Deswegen sollten wir innerhalb aller Gespräche von unseren eigenen Bedürfnissen der Themenwahl absehen und dem Gegenüber maximale Wahlfreiheit anbieten, damit die ‹brennenden› Themen ‹gelöscht› werden können.

FALLBEISPIEL 19B

Coach: «Was hat sich denn schon verbessert vom letzten Gespräch bis heute?»
H. Schmitz: «Zunächst mal habe ich das Gespräch geführt und mein Vorgesetzter und ich. Wir treffen jeden Morgen gemeinsame Absprachen für den Tag, wunderbar!»

Dabei liegt die Lenkung der Wahrnehmung auf den positiven Veränderungen.

Jeder ist seines Glückes Schmied.

SALLUST

~

19C Worüber möchten Sie heute mit mir sprechen?
Auf einer Skala von 1 bis 10, ...

... wo befinden Sie sich jetzt?
... wo werden Sie nach dem Gespräch sein?
... was ist dann anders?

Fallbeispiel 19c

Coach: «Auf der Skala von 1-10, wobei 10 den wunderbaren Zustand beschreibt, wo befinden Sie sich jetzt im Moment, Herr Schmitz?»

H. Schmitz: «Also, ganz klar 9!»

Coach: «Wunderbar, das freut mich. Wenn Sie nach unserem Gespräch auf 10 sein könnten, was wäre dann anders?

H. Schmitz: «Na, also mit meinem Vorgesetzten, das klappt auf einmal sehr gut. Vielleicht, na ja, der Kasulke, der stört mich jetzt schon mit seinen Anrufen, aber ich weiß nicht genau, wie ich es ihm sagen soll. Wenn ich da einen Plan hätte, dann wäre ich nach dem Gespräch auf 10!»

Coach: «Na, dann ran an die Arbeit, ich möchte Ihnen eine vielleicht ungewöhnliche Frage stellen. Nehmen wir einmal an, über Nacht geschieht ein Wunder ...!»

Diese Frage stellt automatisch die Verbindung her zum Beginn des Lösungsgesprächs (9A), so dass der Zyklus der lösungsorientierten Kommunikation von neuem beginnen kann.

Das Lösungsorientierte Kommunikation zeigt einen integrativen Weg, sowohl über die Probleme zu sprechen als auch die Lösungssuche in ein Gespräch zu integrieren. Der Schwerpunkt des Erstgesprächs liegt in der Erfassung der kompletter Situationen inclusive der Gedanken und Gefühle. Diese Informationen werden im weiteren Gesprächsverlauf benutzt, um dem Gesprächspartner die doppelte Motivation zur Veränderung bewußt zu machen:

Vom Problem zur Lösung:

Lösungsorientierung für Jedermann bedeutet nichts weiter, als dass SIE es in der Hand haben, sich von den unangenehmen Begleiterscheinungen der

Probleme zu lösen und stattdessen die genaue Vision der Lösung als anziehendes Ziel zu nutzen. Es ist IHNEN überlassen, ihre Grundhaltungen zu verändern: von einer Selbstwahrnehmung des Problemträgers hin zu der Selbstwirksamkeit eines (immer öfter) lösungsorientierten Menschen.

Dabei wünsche ich Ihnen viel Vergnügen!

Und vergessen Sie bitte nicht:

INNERHALB BESTIMMTER GRENZEN IST ALLES MÖGLICH!

Sie haben die Möglichkeit, aus dem ABC des Wandels ein ABCD des Wandels zu machen, indem Sie Ihre Lieblingsfrage bzw. eine weitere erfolgreiche Frage nach Ihrem Geschmack und Sprachstil den hier genannten hinzufügen.

Checkliste Lösungsgespräch

9. Ziel- und Zukunftsfragen

9A Wenn Sie heute abend zu Bett gehen und schlafen, kommt eine gute Fee mit ihrem Zauberstab, und alles, worüber wir gesprochen haben, alle Probleme haben eine Lösung gefunden. Da Sie aber geschlafen haben, wissen Sie gar nicht, dass das Wunder geschehen ist! Wenn Sie also morgen früh aufwachen, …

… woran werden Sie als erstes merken, dass das Wunder geschehen ist?
… was ist dann anders als sonst?
… wer würde es noch merken? Und woran?

9B Stellen Sie sich bitte vor, wir treffen uns in einem Jahr wieder und unterhalten uns über das Thema und wie Sie es in den Griff bekommen haben.

Woran haben Sie erkannt, dass Sie Ihr Ziel in den Griff bekommen haben?
Wer außer Ihnen hat es noch bemerkt (woran)? Was war da anders?

9C Was genau sind Ihre beruflichen/privaten Ziele?

9D ____

10. Skalenfragen

10A Stellen Sie sich bitte eine Skala von 1-10 vor, wobei 10 für den eben von Ihnen beschriebenen wunderbaren Zielzustand steht. 1 steht dafür, dass nichts von alledem eingetreten ist. Wo etwa zwischen 1 und 10 würden Sie sich heute einschätzen?

10B Wie zuversichtlich sind Sie, Ihr gerade beschriebenes Ziel zu erreichen? Wenn Sie sich ganz sicher sind, behalten Sie alle 10 Steine bei sich, sind Sie völlig unsicher, geben Sie alle Steine von sich ab, dazwischen können Sie abstufen!

10C Wie häufig gab es Ausnahmen von dem Problem, d.h. Erfolgserlebnisse? 10 steht für sehr viele Erfolge, 1 steht für sehr wenig Erfolg; dazwischen können Sie abstufen!

10D ___

11. Fragen nach erfolgreichen Ausnahmen von dem Problem

11A Wann war es in der Vergangenheit schon einmal besser?

11B Beschreiben Sie bitte eine erfolgreiche Situation!

11C Was ist anders, wenn die Schwierigkeit weniger stark/nicht auftritt?

11D ___

12. Fragen nach Reserven und Fähigkeiten

12A Welche Fähigkeiten standen Ihnen zur Seite, so dass Sie diese Situationen erfolgreich gestalten konnten?

12B Wie haben Sie es geschafft, dass die von Ihnen beschriebene Schwierigkeit nicht aufgetreten ist?

12C Was können Sie tun, um die damals aktivierten Reserven wieder aufleben zu lassen?

12D ___

13. Fragen nach dem nächsten Schritt

13A Jede noch so lange Treppe beginnt mit dem 1.Schritt.
Was werden Sie machen, um einen Punkt auf der Skala zu steigen?
Bis wann werden Sie das erreicht haben?

13B Woran werden Sie oder ein anderer erkennen, dass Sie einen Punkt auf der Skala gestiegen sind?

13C Wenn Sie jetzt bei x auf der Skala sind:
Wo möchten Sie in einer Woche oder in einem Monat sein?
Was genau ist dann anders? Wie werden Sie das machen?
Woran werden Sie oder Andere das merken?

13D ______________________________

14. Komplimente und hilfreiche Fragen

14A Ein-Wort-Verstärker: Super, Klasse, Wunderbar, Prima, Toll, Respekt!

14B Nach dem, was Sie mir erzählt haben, traue ich Ihnen das ohne weiteres zu! Wie sind eigentlich die Rahmenbedingungen, wenn alles optimal läuft?

14C Was brauchen Sie, damit sich Ihre Zuversicht erhöht, dass Sie Ihr Ziel erreichen? Was würde Ihnen helfen?

14D ______________________________

15. Ungewöhnliche Kommunikation

15A Was könnten Sie machen oder denken, damit es Ihnen noch schlechter geht?

15B Provokative Fragen: Sind Sie zu blöd dafür?

15C Sie werden das nie hinkriegen!

15D ______________________________

16. Lösungsorientierung in der Sprache

16A Der kritische Dialog (der eigenen Regeln und Werte)

16B Reframing – Umdeutung

16C Was machen (denken) Sie statt dessen?

16D ____

17. Aufgaben für den Alltag

17A Wenn Sie morgen aufstehen, sagen Sie sich bitte selbst voraus, wie gut wird Ihr Tag auf einer Skala von 1 bis 10?
Am Abend vergleichen Sie dann Ihre Vorhersage mit Ihrer Einschätzung.

17B Bitte suchen Sie sich einen Tag in der nächsten Woche aus und tun Sie so, als sei das Wunder schon geschehen. Das heißt, dass ich Sie ausdrücklich bitten möchte, an diesen Tagen so zu tun, als könnten Sie das, was Sie können wollen. Notieren Sie die Erfahrungen, was diesen Tag anders machte als die anderen.

17C Notieren Sie bitte den Nutzen für Sie, wenn alles so bleibt und Ihren Nutzen, wenn Sie sich von Ihrem Problem gelöst haben. Stellen Sie die gefundenen Argumente gegenüber.

17D ____

18. Abschlußfragen

18A Wenn unser Gespräch wie ein Menue mit Vorspeise, Hauptspeise und Nachspeise war, …

… wo befinden wir uns jetzt?
… wie hat es geschmeckt?
… möchten Sie nach etwas zum Abschluß bestellen, etwas anderes (bestellen)?
… was möchten Sie mir, dem Koch, über das Essen mitteilen?

18B Die Skalenfrage zur Messung der Zufriedenheit mit dem Gespräch

18C Sie haben Ihr Ziel und den ersten Schritt auf dieses Ziel hin formuliert. Wann werden wir uns darüber unterhalten, dass Sie diesen ersten Schritt gemacht haben?

18D ______________________________

19. Einstiegsfragen für das nächste Gespräch

19A Wie war das Ergebnis der Aufgaben, die Sie sich vorgenommen haben?

19B Was hat sich verbessert vom letzten Gespräch bis heute?

19C Worüber möchten Sie heute mit mir sprechen?
Auf einer Skala von 1 bis 10, …

… wo befinden Sie sich jetzt?
… wo werden Sie nach dem Gespräch sein?
… was ist dann anders?

19D ______________________________

Die Arnold-Matrix

Welche Fragen in welcher Gesprächssituation besonders günstig genutzt werden können, zeigt folgende Übersicht, die im Anschluß an einen Workshop ‹Lösungsorientiertes Coaching› von Coaches der Deutsche Bank AG erstellt wurde.

Die Arnold-Matrix

	Gesprächs-eröffnung	Problem-gespräch	Distan-zierung	Vision	Erfolgreiche Vorgänge in der Vergangenheit	Transfer in die Zukunft
Einladung zum Problemgespräch	x					
Nonverbale Gesprächsverstärker	x	x	x	x	x	x
Fragen nach Verhalten		x		x	x	
Fragen nach Gedanken		x		x	x	
Fragen nach Gefühlen		x		x	x	
Zirkuläre Fragen		x	x	x	x	x
Bewältigungsfragen			x		x	
Defokussierung			x			
Commitment			x			x
Ziel- und Zukunftsfragen				x		x
Skalenfragen		x	x		x	x
Erfolgreiche Ausnahmen vom Problem			x		x	
Ressourcenfragen			x		x	
Fragen nach dem nächsten Schritt						x
Verbale Verstärker				x	x	x
Hilfreiche Fragen		x	x			
Ungewöhnliche Fragen		x	x	x	x	x
Reframing		x	x		x	
Aufgaben		x	x		x	x
Abschlußfragen						x
Einstiegsfragen für Folgegespräch	x					

Fragen nach Verhalten – Lösungsvorschläge zur Aufgabe von Seite 31:

Er nörgelt.	*Wie macht er das? Was sagt er?* *Mit wem spricht er?* *Worüber nörgelt er?* *Wann hört das Nörgeln auf?* *Was sollte er statt dessen machen?* *Angenommen, er würde etwas anderes machen als nörgeln, wie stellen Sie sich das vor?*
Man hört kein gutes Wort.	*Von wem? Über wen oder was?* *Was ist ein gutes Wort?* *Wer sollte das denn sagen?*
Mein Frust nimmt zu.	*Wie zeigt sich das? Frust worüber?* *Frust auf wen?* *Was meinst Du mit Frust?*
Ich mach' das nicht mehr mit!	*Was machst Du nicht mehr mit?* *Was machst Du stattdessen?*

Lösungsvorschläge zur Aufgabe von Seite 106:

Erkennen und Umformulieren von Kommunikationssperren

Liste von Kommunikationssperren:

Versteckte Botschaften:
Ablenken, aufziehen; Sprüche, Weisheiten; Ironie, Sarkasmus.

Lösungsbotschaften:
Befehlen, anordnen, Vorschläge machen.

Du-Botschaften:
Warnen, mahnen, drohen; Moralpredigt; urteilen, kritisieren, nörgeln Vorwürfe machen, interpretieren, beschimpfen; loben.

Der Vorgesetzte sagt zum Mitarbeiter:	Ihr Vorschlag der Ich-Botschaft:
Das hätten Sie besser unterlassen! (Drohen –> Du-Botschaft)	*Ich fand das nicht in Ordnung!*
Sie machen jetzt sofort die Ablage! (Befehl –> Lösungsbotschaft)	*Machen Sie bitte jetzt schon die Ablage? Danke!*
Das sagen Sie, weil Sie verärgert sind. (Interpretieren –> Du-Botschaft)	*Ich bin mir unsicher, wozu Sie das sagen. Würden Sie mir das bitte erläutern?*
Nur schlechte Mitarbeiter denken so! (Urteilen –> Du-Botschaft)	*Ich stimme Ihren Gedanken nicht zu!*
Das machen Sie nicht noch einmal. (Warnen –> Du-Botschaft)	*Das hat mir nicht gefallen! Würden Sie bitte damit aufhören?*
Erst denken, dann sprechen! (Sprüche –> versteckte Botschaft)	*Ich habe da eine andere Meinung.*
Sie sind ein ganz schöner Kotzbrocken! (Beleidigung –> Du-Botschaft)	*Ich ärgere mich über Ihr Verhalten.*

IV. 10 Fehler und 10 Erkenntnisse

Fehler 1:

In der Problemfokussierung verbleiben und die Problemsicht verstärken …

«Ja, das ist wirklich übelst, da kann man sich nur noch aufhängen», hörte ich neulich einen ‹Berater› sagen. Bei allem Mitgefühl mit dem Gesprächspartner, dieser Ansatz des Einfühlens führt nicht zu den Aktivitäten, die einen Wandel fördern. Sie fördern ein Verbleiben in einer Problemstimmung und fördern, dass weiter beschrieben wird, was nicht funktioniert. Das Wiederholen von Problemen führt oft zu dem Gefühl, dass ‹alles schlimm ist, immer so bleiben wird und sich niemals verändern wird›. Dieses Denken entwickelt sich zu selbst erfüllenden Prophezeiungen.

Die Dinge bleiben so, wie sie sind, wenn ich denke, dass sie so bleiben, wie sie sind. Die Kraft unserer Gedanken ist viel stärker als wir im allgemeinen glauben. Natürlich werde ich krank, wenn ich mir stets einflüstere, dass ich bald bestimmt erkranken werde. Man kann heutzutage sogar messen, dass sich über solche Selbstsuggestionen die Zahl der Antikörper im Körper verringern. Es gilt daher, den größeren Teil der Verstärker und Komplimente für erfolgreiche Ansätze in der Vergangenheit zu verwenden oder zur Betonung der Fähigkeiten und Reserven, die zur erfolgreichen Bewältigung von Situationen geführt haben.

Erkenntnis 1:

Es ist angenehmer, die Schilderung erfolgreich bewältigter Situationen zu forcieren. Dies fördert die Motivation, Lösungen zu formulieren und anzustreben.

Fehler 2:

So zu tun, als gäbe es keine Probleme.
Leider gibt es dann auch keine Lösungen!

Denken im Sinne der inneren Regel: ‹Probleme – haben nur die Anderen› kann natürlich zu einer Verleugnung von Schwierigkeiten führen. Der ‹Blinde Fleck› muß dann erst einmal sichtbar gemacht werden, bevor Veränderungen angegangen werden können.

Das Selbstwertgefühl wird zwar geschützt, aber die Ängste werden nur unterdrückt. Die Energien, die durch die Ängste freigesetzt werden, sind jedoch aktiviert und erscheinen in mannigfacher Form z.B. als Aggressionen, Wutausbrüche, Unbeherrschtheit oder als Magengeschwüre, Rückenschmerzen, Kopfweh zum anderen.

Anders ausgedrückt – das Unterdrücken von Gefühlen und Gefühlsäußerungen verhindert, dass die individuellen Bedürfnisse nach einem erfüllten, sinnvollen Lebensinhalt verwirklicht werden. Zudem nimmt die Anzahl der positiven sozialen Kontakte ab; als Folge verringert sich die Menge wahrgenommener Anerkennung und Komplimente durch das Umfeld.

Durch lösungsorientierte Kommunikation schaffen Sie positive Lösungssichten, indem Sie ‹wunderbare› Ziele unter Bewußtmachen der eigenen Reserven und Fähigkeiten in kleinen Schritten angehen. Nur wenn Sie über Probleme sprechen oder wenn Sie Ihre innere Lösungsorientierung aktivieren, kann die Energie für Lösungen konstruktiv genutzt werden.

Die ‹visionierte› Lösung schafft eine innere Kraftquelle wie z.B. der Traum vom eigenen Haus. Sie können jederzeit Lebensziele aktivieren, die Ihnen in schwirigen Zeiten Kraft und Motivation geben.

Erkenntnis 2:

Die Wunderfrage erlaubt es, über die Verwirklichung von
Lösungen zu sprechen und sich damit von Problemen zu lösen,
ohne die begleitenden Ängste freizusetzen.

Fehler 3:

Entscheidungen werden von den Personen getroffen, die mehr Macht in der Beziehung zu mir haben – Ich lasse andere die Entscheidungen über mein Leben treffen.

Nehmen wir das System ‹Familie›, so entscheiden die Eltern in ungeheuer vielen Situationen, wann was wie gemacht wird. Wenn Sie dazu ihre Macht in Form von Belohnungen oder angekündigten Bestrafungen benutzen oder unrealistische Konsequenzen ankündigen (und die Angst bzw. die Wünsche der Kinder benutzen), so besteht die Gefahr, dass Kinder diese Orientierung an Belohnung und Bestrafung als moralischen Maßstab verinnerlichen und als Erwachsene ebenfalls danach handeln. Stattdessen ist es wichtig, ein Gespräch zu führen, bei dem die Entscheidungen gemeinsam herbeigeführt, vereinbart und getragen werden. Dieses ‹Gewinner-Gewinner-Prinzip› gilt auch in allen anderen Systemen, die auf lange Sicht erfolgreich sein wollen.

Das System der Zielvereinbarungen in Unternehmen fußt auf dem gleichen Prinzip. Jedoch lassen es viele Mitarbeiter im Vier-Augen-Gespräch zu, dass die gemeinsam vereinbarten Ziele letztendlich doch von dem Vorgesetzten bestimmt werden, der zusätzlich zu den obigen Machtquellen ja zumeist auch bessere rhetorische Fähigkeiten aufweist. Hier gilt es, sich gut vorzubereiten und die eigenen Argumente für die Bekräftigung der eigenen Interessen entwickelt zu haben.

Die Stärke einer gesamten Gruppe kann zudem den Machtvorteil des Vorgesetzten ausgleichen; sie muß es allerdings schaffen, als Einheit aufzutreten und die Sprachanteile auf alle Gruppenmitglieder zu verteilen.

Innerhalb eines Gesprächs ist es von Vorteil, wenn sich der beratende Partner mit Ratschlägen und Manipulationsversuchen zurückhält, auch wenn die eigenen Bedürfnisse dadurch nicht optimal befriedigt werden können. Auf mittlere und lange Sicht wird dem guten Zuhörer diese Rolle gedankt, weil damit das Selbstvertrauen und den Glauben an die eigene Wirksamkeit gefördert wird.

Erkenntnis 3:

Jeder ist in der Lage, Gespräche lösungsorientiert zu führen.
Jeder einzelne ist gefordert, seine Meinung zu vertreten.

Fehler 4:

Ungeduldige Zuhörer wollen zu schnell in die Lösungswelt.

Wann ist jemand bereit für die Wunderfrage? Gibt es Anzeichen dafür? Wenn Sie als Zuhörer merken, dass Wiederholungen auftauchen in der Schilderung dessen, was nicht läuft, bzw. die Gesprächspartner die Schilderungen von sich aus beenden, so sind dies erste Indizien für den Willen zum Übergang in die Lösungsorientierung. Wenn Sie als Zuhörer ein klares Bild der Situation und der Thematik haben, liegt es an Ihnen, das Gehörte zur Absicherung noch einmal zu wiederholen und die Methode der Defokussierung anzuwenden.

Sie können natürlich auch ohne Umschweife fragen, ob Ihr Gesprächspartner bereit ist, Energie in die Arbeit an den Lösungen zu investieren. Durch dieses Vorgehen bleiben Sie in dem Tempo ihrer Gesprächspartner. Wenn Sie herausfinden, dass Ihr Gegenüber ‹noch nicht so weit ist› und nicht an seine Kraft glaubt, so ist an diesem Punkt des Gesprächs die Arbeit mit Aufgaben ein nützliches Thema.

Erkenntnis 4:

Erst wenn Ihr Gegenüber Veränderungswillen bekundet hat, lohnt sich der Übergang in die Welt der Lösungen.

~

Fehler 5:

Die richtigen Fragen an der falschen Stelle ...

Eine Frage an sich kann nicht richtig oder falsch sein. Sie kann aber sehr nützlich oder völlig deplaziert sein, je nachdem, wie sie und an welcher Stelle sie innerhalb eines Gesprächs gesetzt wird. So wird die Wunderfrage ohne Antwort bleiben, wenn Sie sie zu früh innerhalb des Gesprächs benutzen. Sind Sie mit Ihrem Gesprächspartner in die Lösungswelt eingetaucht, können Sie mit Fragen nach weiteren Problemen diese angenehme Atmosphäre und damit die motivierende Stimmung leicht zerstören. Wenn Sie den vorgelegten Leitfaden benutzen, so können Sie die Gesprächsinhalte Ihres Gegenübers gedanklich einordnen. Das verschafft Ihnen Freiräume, Zusammenhänge zu verstehen und nach wichtigen Bereichen zu fragen, die noch nicht angesprochen wurden.

Es gibt also eine Zeit, Fragen nach problembegleitenden Verhalten, Gedanken und Gefühlen zu stellen und eine Zeit, lösungsorientiert vorzugehen. Im Wirtschaftsleben ist die Effizienz von Besprechungen sehr stark von der Vorgehensweise Aller abhängig. Meist wird die Verantwortung für eine effiziente Abwicklung den mächtigeren Menschen in der Runde zugeschoben; wer aber eine lösungsorientierte Vorgehensweise verinnerlicht hat, wird jederzeit eine Lösungsorientierung in der Gruppe herstellen können.

Erkenntnis 5:

Der Gesprächsleitfaden ist ein nützliches Element, um eine strukturierte Vorgehensweise zur Lösung von Problemen zu entwickeln und Gespräche effizient zu führen.

Fehler 6:

Alle Menschen denken und handeln wie ich!

Menschen, gehen intuitiv davon aus, dass alle anderen bei dem Lösen von Problemen oder der Interpretation von menschlichen Handlungen die gleichen Maßstäbe anlegen wie sie selbst. Eine diesen Gedankengängen zugrunde liegende Regel lautet: ‹Was mir geholfen hat, wird auch anderen helfen!› oder aber: ‹Ich muß mein Lösungswissen als guter Zuhörer oder Berater weitergeben.› Wenn Zuhörer sich diese Regel nicht bewußt machen, laufen sie Gefahr, die gehörten Informationen gemäß ihren Erwartungen (projektive Wahrnehmung, z.B. ‹Alle Menschen denken und handeln wie ich›) zu verfälschen bzw. nur das zu hören und zu sehen, was zu den eigenen Erwartungen und Bedürfnissen paßt (selektive Wahrnehmung).

Lay (1994) nimmt an, dass «in einer normalen Gesprächssituation 50% der vom anderen gesprochenen Rede durch Selektionen und Projektionen erheblich inhaltlich verändert wird.»

Deswegen gilt es, eine innere Regel zu etablieren, die uns nahezu verbietet, unsere Lösungsvorschläge dem anderen ungefragt anzubieten. Die Lösungsbotschaften erweisen sie sich oft als nicht zutreffend oder als schon – allerdings erfolglos – durchgeführt. Wann immer ein Ratschlag auf unserer Zunge brennt, sollten wir ihn brennen lassen. Eine offene Frage an seiner Stelle bewirkt, dass wir bisher erfolgte Tätigkeiten zur Lösungsfindung hören, ohne dass wir ein ‹Nein!› auf unsere Lösungsvorschläge gehört haben. Denn jedes ‹Nein› ist ein Zeichen mangelnder Professionalität, da eine Grundregel des Zuhörens verletzt wurde; die Regel, dass der Gesprächspartner der Experte für seine Lösungen ist. Erhält der Zuhörer mehrere ‹Neins›, so kann die Folge sein, dass der Gesprächspartner seien Zuhörer als nicht kompetent erlebt und in der Folge die Gespräche nicht mehr sucht.

Erkenntnis 6:

Brennt Ihnen ein Rat-Schlag auf der Zunge – lassen Sie ihn brennen!

Hier gilt die andere Regel, dass auch Ratschläge Schläge sind, nämlich Anschläge auf die Selbstwirksamkeit des Gegenübers. Wenn Sie stattdessen offene Fragen stellen und die Gesprächsanteile Ihres Gegenübers erhöhen, so werden sich Ihre Gesprächspartner noch wohler und aktiviert für das Anstreben von Lösungen fühlen.

~

Fehler 7:

Nicht wirklich zuhören.

Zuhören ist eine anstrengende Arbeit. Gleichzeitig sich auf den oder die anderen sowie auf die eigenen Gedanken zu konzentrieren und gleichzeitig die wesentlichen Zusammenhänge zu erfassen, stellen eine hohe kognitive Anforderung an jeden Zuhörer bezüglich der Konzentration und der Ausdauer von Wahrnehmung und Denken. Der lösungsorientierte Ansatz entlastet die Zuhörer von der Anstrengung, für andere Menschen Lösungen zu suchen. Lösungsorientierte Zuhörer glauben daran, dass der Gesprächspartner als Experte für ihre Probleme und Lösungen das Gespräch auch dann wertvoll finden wird, wenn keine Lösungsvorschläge kommen.

Dies ist gerade für Männer ein schwer zu vollziehender Prozeß, da das Nennen von Lösungen ein integraler Bestandteil ihrer Konfliktbewältigung ist, während Frauen über den Informationsaustausch und eine gemeinsame Sicht von Dingen die Konfliktlösung anstreben. Mir drängt sich daher der Eindruck auf, dass Männer noch größere Reserven haben, anderen zuzuhören. Diesen Prozeß zu verstärken, bedarf eingehender Übung. Das Wiederholen des Gesagten, bevor ich selbst Stellung beziehe, sowie das Aussprechen von Ich-Botschaften (Aussagen über meine Gefühle) anstelle von Du-Botschaften (Aussagen über den anderen, meist herablassender und bewertender Art) stellen Stützen der Konfliktbewältigungen in Partnerschaften dar (GORDON, 1989 u.a.), die sehr erfolgreich wirken (s.a. THURMAIER & ENGEL, 1994).

Der lösungsorientierte Ansatz wirkt entlastend, weil er mit bildhaften Visionen und angenehmen, in Sprache überführten Gefühlen arbeitet. Diese duale Form (bildhaft und sprachlich) erleichtert die Kodierung im Gedächtnis, verringert die Gefahr selektiver und projektiver Wahrnehmung und das Bild des Zuhörers nähert sich dem Bild des Erzählers stark an. Durch seine Strukturierung ist das ABC des Wandels in der Lage, die gehörten Inhalte zu ordnen, nach nicht gehörten Sachverhalten zu fragen und durch den Abruf gespeicherter Fragen den Wandel vorwärts zu treiben.

Erkenntnis 7:

Lösungsorientierte Kommunikation entlastet den Zuhörer und hilft allen anderen.

Fehler 8:

Ich kann andere Menschen verändern – ich kann andere Menschen nicht verändern!

1. Bin ich der Meinung, dass ich andere Menschen verändern kann, so liegt es nahe, dass ich meine Grundregel dadurch belegt sehe, dass sich andere durch die Auseinandersetzung mit mir verändern. Nach einer Interaktion ist bei meinen Partnern etwas anders als vorher: die Sicht eines Problems, die Gefühlslage, das Erkennen von Zielen und Wegen der Zielerreichung.

2. Glaube ich, dass ich andere Menschen nicht verändern kann – eine Erfahrung, die Ehepartner in manchen Bereichen ihres Ehelebens machen – so lassen sich daraus mehrere Folgerungen ableiten:

a) Ich habe keinen Einfluß auf diese Menschen,
b) Menschen können sich nur selbst ändern,
c) Wenn ich Andere nicht ändern kann, sollte ich etwas bei mir ändern.

Zu 2a) Ich habe keinen Einfluß auf diese Menschen

Das 1. Axiom von WATZLAWICK (in HOBMAIR, 1997) besagt: «In einer sozialen Situation kann man nicht nicht kommunizieren.» Dieser (nicht beweisbare) Grundsatz beinhaltet, dass selbst ein Ignorieren von Kommunikation oder anderen Menschen einen Mitteilungscharakter besitzt, wie z.B.: «Ich mag das nicht» oder «Ich stimme dem nicht zu, was Sie gesagt haben.» Demzufolge ist ein Einfluß immer vorhanden.

Zu 2b) Menschen können sich nur selbst ändern

Als streng lösungsorientierter Mensch, der die selbständigen Lösungskompetenzen fördert, mag diese Sichtweise sehr gut zu der Übernahme von Eigenverantwortung und dem Glauben an die Selbstwirksamkeit passen. In den meisten Fällen entscheiden wir selbst, was wir wie tun.

Allerdings sprechen zwei Punkte gegen die Sichtweise, dass Menschen nur sich selbst ändern: die Einflüsse der Umwelt, gespeichert in einem dem Bewußtsein schwer zugänglichen Areal von inneren Regeln, die uns z.B. unsere Eltern mit auf den Weg gegeben haben, beeinflussen stark, wie wir Lösungen angehen. Und gemäß der Regel ‹Das Sein bestimmt das Bewußtsein› passen wir uns z.B. den Vorstellungen der Mitmenschen an, wie wir unsere Arbeit machen oder welche Kleidung angemessen ist. Die direkten Einflüsse durch andere Personen oder auch die Werbung in den Medien beeinflußt uns vielfach mehr, als wir denken oder wahrhaben wollen.

Der 2. Aspekt betont die Systemsicht: Ohne das Gespräch mit einem lösungsorientierten Zuhörer würde ich vielleicht nie die Lösungen angehen, die ich in mir trage. Selbst wenn ich nichts Neues erfahre, kann mir ein lösungsorientiertes Gespräch Mut geben und helfen, meine Sichtweise zu verändern.

Zu 2c) Wenn ich Andere nicht ändern kann, sollte ich etwas bei mir ändern

Wann immer Menschen zusammentreffen, so treffen unterschiedliche Normen, Werte, Regeln, Wahrnehmungen und Bedürfnissysteme aufeinander. Diese Unterschiede lösen das Streben aus, den oder die anderen davon zu überzeugen, die eigene Sichtweise zu übernehmen. Hintergrund ist die innere Regel: ‹Ich fühle mich wohl, wenn Du das tust, bewertest und denkst, wenn ich tue, bewerte und denke› oder ‹Ich bin besser als Du›. Diese Regel ist gerade in einer Leistungsgesellschaft und da besonders unter Männern weit verbreitet.

Sie erleben einen solchermaßen motivierten Prozeß des Überzeugens in vielen Fällen als Nörgeln, das die Stimmung vermiest und die Beziehung schlechter werden läßt, weil die Bedürfnisse einer Partei nach Anerkennung und Selbstverwirklichung nicht geachtet werden.

Es gibt aber nur einen Weg zu kooperativen Lösungen: Beide wollen es! Wenn Sie merken, dass der andere auch nach Jahren der Anstrengung seinerseits sich nicht verändert, erscheint es mir wertvoller, Ihre Reserven darauf zu konzentrieren, ruhig zu bleiben und zu akzeptieren, was anscheinend nicht zu ändern ist. Wenn Ihre Lösung für ein Problem nicht zu erfüllen ist, so setzen Sie sich neue Ziele! Es ist vielleicht schwieriger, an sich zu arbeiten als andere Menschen zu verändern, aber Ihre Chancen auf Erfolg sind ungleich größer. Systemisches Denken integriert die beiden Sichtweisen von Interaktion zu einem reibungsfreien Ganzen. Sowohl das Sein beeinflußt das Bewußtsein wie auch das Bewußtsein das Sein. Die Thesen 2a) und 2b) sind daher zu verwerfen.

Erkenntnis 8:

Lösungsorientierte Menschen integrieren Anregungen des Umfelds in ihr Leben und gehen neue ebenso wie erfolgreich bewährte Wege, um ihre Ziele zu erreichen.

~

Fehler 9:

Den unangenehmen Gedanken und Gefühlen zu viel Bedeutung beimessen!

Wann immer sich problemfokussierte Menschen unwohl fühlen, suchen sie nach Erklärungen und Ursachen. Das Finden von Ursachenzuschreibungen (Attributionen) hilft bei der Reduktion der unangenehmen Gefühle und

Stimmungen, aber in dieser Zeit haben noch keine Lösungsideen oder -versuche stattgefunden. In der Problemfokussierung assoziiert das Denken an unangenehm erlebte Situationen weitere unangenehme Erlebnisse, die wiederum die Gefühlslage verschlechtern. Das Grübeln über Ereignisse, die wir nicht mehr ändern können, das Heraufbeschwören von Katastrophen, die doch niemals eintreten, und eine gehörige Portion Selbstmitleid rauben uns in vielen Fällen die Energie für den Wandel.

Die gleichen Energien können wir positiv nutzen, indem wir uns an Erfolge erinnern und uns unsere Ziele so reizvoll vorstellen, dass wir von ihnen förmlich angezogen werden. Der Glaube, die konfliktbeladenen Situationen erfolgreich zu bewältigen, kann verstärkt werden durch die Fähigkeit zu träumen.

Lösungsorientierte Menschen nutzen diese Zeit und sagen sich: O.K., wenn das das Problem ist, welche Lösungen bieten sich an, welche Alternativen habe ich? Daraus entwickelt sich zunächst der Ausstieg aus der Problemsicht. Der nächste Schritt liegt darin, sich vorzustellen, wie das ist, wenn alles wunderbar läuft: ‹Wie sieht das aus? Was sage und mache ich? Wie fühle ich mich dabei?› Träume sind Gedanken voller Kraft. In der Nacht werden dort die Konflikte des Tages nachbearbeitet. Nutzen Sie Ihre Traumenergie und gönnen Sie sich regelmäßig eine ‹Traumreise› im Wachzustand! Sehen Sie die Dinge, Orte und Personen in Ihrer Nähe vor sich in dem Zustand, nachdem Sie Ihre Ziele erreicht haben werden. Was werden Sie machen und genießen, wenn Sie sich in diesem Zustand befinden? Was wird sich verändert haben und wie werden Sie sich fühlen, wenn die Dinge so laufen, dass Sie sich von Ihren Problemen gelöst haben?

Erkenntnis 9:

Nutzen Sie die Kraft Ihrer Phantasie und stellen Sie sich regelmäßig den Zustand vor, in dem Sie nach dem Eintreten des Wunders leben

Fehler 10:

Wenn etwas falsch läuft, einfach weitermachen …

Die Erkenntnis von Eysenck (1952) zu Beginn des Buches ist der Ruf nach Wandel. Das Gute bewahren und das Schlechte verändern, ist im Berufs- und Privatleben ein wesentlicher Bestandteil von Zufriedenheit und Effektivität.

Sie SaCh-Technik bietet Ihnen die Möglichkeit, für sich wie auch für Ihre Beziehung, Ihr Team, Ihr System den Stand der Dinge zu überprüfen.

Sa steht für *save* = bewahren, Ch steht für *change* = ändern.
Welche drei Dinge möchten Sie bewahren?
Welche drei Sachverhalte möchten Sie am liebsten sofort ändern?

Die Antworten auf die 2. Frage ergeben den Einstieg in das lösungsorientierte Gespräch. In Gruppen sollte zuerst ein Konsens hergestellt werden, was alle gemeinsam und was jeder für sich selbst erreichen möchte. Diese Arbeit in der Lösungswelt vermeidet das Zerreden von angeblich Nichtmachbarem und schafft eine kreative Stimmung des Aufbruchs. Die 1. Regel des Wandels bleibt aber die Aufforderung nach dem Wandel selbst.

Erkenntnis 10:

Wenn etwas nicht funktioniert, mache etwas anders!

Die Lösungsorientierung im Denken und Handeln ist ein Grundstein für das Erreichen innerer Zufriedenheit. Sie aktiviert die eigenen Fähigkeiten in angenehmer Atmosphäre. Konflikte lassen sich zeitsparend lösen und Symptome von Problemfokussierung wie die innere Kündigung als Arbeitseinstellung oder somatische Beschwerden wie Schlaf- und Kreislaufstörungen, Magen- und Kopfschmerzen sowie allgemeine Aggressivität und Unruhe lassen sich spürbar verringern.

Das ABC des Wandels bietet die Struktur und begleitende Fragen, die ihre Lösungsausrichtung verstärken. Sie können diese Fähigkeit für sich selbst ebenso nutzen wie im Umgang mit anderen Menschen. Lösungsorientierung bedeutet zugleich stets Kundenorientierung, bedeutet zudem Mitarbeiter zu respektieren und Konflikte gar nicht erst groß werden zu lassen.

Sie werden diese Wirkung schätzen lernen. Probieren Sie es aus, am besten gleich und denken Sie mit vorauseilendem Optimismus an den angenehmen Effekt, *die Rückkehr des Lächelns.*

V. 10 Fragen und 10 Antworten

1. Was hat das Konzept ‹Resilienz› mit der Lösungsorientierung zu tun?

Resilienz meint die psychische und körperliche Stärke, die es Menschen ermöglicht, Lebenskrisen ohne langfristige Beeinträchtigung zu meistern. Sowohl angeborene Faktoren wie Intelligenz oder lebhaftes Temperament als auch Umweltfaktoren wie die stabile emotionale Beziehung, soziale Vorbilder zur konstruktiven Lösungsfindung und das Bewältigen früher Leistungsanforderungen wirken verstärkend auf die Widerstandsfähigkeit. Resiliente Menschen erscheinen wie Boxer, die nach einem Niederschlag im Ring eine andere Taktik als zuvor wählen:

«Ändere etwas, wenn die Dinge nicht so laufen wie sie sollen!»
Nach WHITE (in NUBER, 1999) vermeiden sie dabei zwei grundlegende Fehler:

Fehler 1: Sie verfluchen ihre Krise –
und lenken so die ganze Aufmerksamkeit auf sie.

Fehler 2: Sie nähren die Krise, indem sie ihre ganze Aufmerksamkeit dem Problem und seiner Entstehung widmen, aber über die Frage, wie es gelöst werden könnte, nicht nachdenken.

Resiliente Menschen mit starker Ausprägung im Persönlichkeitsfaktor haben psychologischer Forschung zufolge (NUBER, 1999) folgende Merkmale:

- Sie akzeptieren die Krise und die damit verbundenen Gefühle,
- resiliente Menschen suchen nach Lösungen,
- resiliente Menschen fühlen sich nicht als Opfer, die häufig Formulierungen benutzen wie: «Ich kann nicht», «Niemals mehr werde ich glücklich sein» u.a.,
- sie lösen ihre Probleme nicht allein: Sie nutzen ihre Familie und ihre Freunde und meiden Sprücheklopfer,

- resiliente Menschen bleiben optimistisch: Sie haben die Überzeugung, dass sich früher oder später die Dinge wieder zum Positiven wenden werden.

Dies ist nicht mit positivem Denken zu verwechseln, das die Realität verleugnet und negative Ereignisse schönreden will.

- resiliente Menschen geben sich nicht selbst die Schuld,
- resiliente Menschen planen voraus:
  Sie stellen die ‹Was wäre, wenn …›-Frage.

Lösungsorientierung und Resilienz sind zwei nahezu identische Konzepte; Resilienz betont die Widerstandsfähigkeit in Krisen, während Lösungsorientierung den Weg zu Lösungen im alltäglichen Denken, Sprechen und Handeln beschreibt. Lösungsorientierte Kommunikation bietet ein Lernprogramm für Leser, ihre eigene Lösungsorientierung und damit auch ihre Resilienz zu erhöhen und anderen bei der Verstärkung ihrer Resilienz zu helfen.

2. Wie gut funktioniert das Prinzip der Lösungsorientierung?

In allen Coaching-Sitzungen, die ich mit lösungsorientierter Kommunikation durchgeführt habe, erhielt ich durchweg positive Rückmeldungen über das Verfahren. Als besonders wertvoll wurde das Erwecken der inneren Energie und der wiedererwachende Glaube an die eigenen Fähigkeiten beschrieben. Erstaunlich war für mich die hohe Häufigkeit der Durchführung geplanter Aktivitäten sowie die große Erfolgsquote bei der Erreichung der etappenweise gesteckten Ziele. Gesicherte Erkenntnisse aus der Kurzzeitberatung berichten von einer durchschnittlichen Dauer von 3,5 Stunden, wo klassische Therapien bei gleicher Erfolgsquote mindestens das 5fache an Zeit brauchten.

3. Wieso kann der lösungsorientierte Ansatz so schnell wirken?

Ein Großteil der Zeit wird für die produktive Arbeit an Lösungen verwendet. Der Übergang vom Problemgespräch zum Lösungsgespräch findet noch in der 1. Sitzung statt. Aufgaben zu der Beratungssituation beschleunigen das

Bewußtmachen von Gedanken, Gefühlen und Verhaltensweisen sowie das Erleben von Erfolgserlebnissen zusätzlich beschleunigen.

4. Lösungsorientierte Kommunikation – was ist ihr größter Vorteil?

Es ist von jedem Alltagspsychologen, also von jedem Menschen einfach zu erlernen. Es ist eine ausgewogene Struktur von Fragen und gesicherten Erkenntnissen, die die Palette der individuell vorhandenen Fähigkeiten der Gesprächsführung und der Veränderungsfähigkeiten erweitert und strukturieren hilft. Der Erwerb eines lösungsorientierten Gesprächsgerüsts hat den Vorteil, dass Sie:

- dem Gerüst immer folgen können,
- immer wieder lösungsorientiert abweichen können und gleichzeitig wissen, dass aus dem Fragenpool noch einige Fragen gestellt werden können, um sich oder andere in den Zustand der Zielerreichung zu überführen.

Dazu bedarf es lediglich der Übung, statt problemfokussierte lösungsorientierte Fragen zu stellen und den eigenen Denkstil zu verändern.

5. Was ist der größte Nachteil dieses Ansatzes?

Es gibt eine Zeit zu klagen und eine Zeit zu handeln. Wer noch nicht soweit ist, seine Ziele zu artikulieren und anzugehen, wird sich zunächst im 1. Teil des Buches (Problemgespräch) wiederfinden. Die Fähigkeiten der Gesprächspartner, aufmerksam und ausdauernd zuzuhören, werden für diesen Fall von besonderer Wichtigkeit. Wenn Sie mehr an der Vergangenheit interessiert sind, an dem ‹Warum› sich die Dinge entwickelt haben, wie sie es taten, gibt es andere Verfahren (wie die Psychoanalyse), die diesem Thema besser gerecht werden.

6. Ihr Menschenbild?

In einer solch komplexen Welt unterschiedlichster Kulturen und Generationen wäre die Anzahl der Treffer minimal, die auf nur einem Bild beruhen. Ich glaube nicht an die Treffsicherheit von Typisierungen, sondern daran, dass alle Menschen durch eine Veränderung ihrer inneren Regeln, Gedanken und der Wahrnehmung von Lösungen anstelle von Problemfokussierungen ihr Lebensgefühl verbessern können.

7. Ist der Ansatz nützlich für kleine und mittlere Unternehmen?

Der Ansatz ist sehr nützlich in Unternehmen jeder Größe, denn es geht ja darum, die Kenntnisse und Kräfte für das Unternehmen einzusetzen und sich nicht blockieren zu lassen von den ‹Neins›. Es gilt Enttäuschungen zu überwinden und den Wandel zu forcieren. Je mehr Sie lösungsorientiert kommunizieren, desto besser erreichen Sie automatisch Ihre Kunden und Kollegen, weil Sie auf der Beziehungsebene eine angenehme Atmosphäre herstellen. Und dies ist heutzutage ein entscheidender Wettbewerbsfaktor!

8. Wo kann man in Deutschland Lösungsorientierung erlernen?

Es gibt in Deutschland mehr und mehr Berater, Trainer und Coaches, die lösungsorientiert vorgehen. Ich schlage Ihnen vor, im Internet unter den Begriffen Lösungsorientierung und Coaching zu suchen. Mit Sicherheit finden Sie Informationen unter http://*www.MarcusStobbe.de*.

9. Wie stehen Lösungsorientierung und NLP zueinander?

Bei einem Vergleich von Neurolinguistischer Programmierung und Lösungsorientierung lassen sich folgende Gemeinsamkeiten und Unterschiede feststellen: Beide Verfahren haben das Ziel, aus einer Problemfokussierung auszubrechen und flexibel auf schwierige Situationen des Lebens zu reagieren. Beide Verfahren schätzen die wertvollen Erfahrungen der Vergangenheit mehr als die traumatischen Erlebnisse. Ihnen ist gemeinsam, dass sie die Kurzzeitberatung bevorzugen, da es in den allermeisten Lebenssituationen darum geht, aus den vorhandenen Problemfixierungen auszubrechen, bestehende Reserven zu mobilisieren und die Handlungsfähigkeit wiederherzustellen.

NLP verbindet Elemente der Lern- und Kommunikationstheorie mit tiefenpsychologischen Erkenntnissen. Im Gegensatz dazu verbindet die lösungsorientierte Kommunikation den lösungsorientierten Ansatz mit einem verhaltensorientierten Ansatz der Problembeschreibung.

Der lösungsorientierte Ansatz bietet die Möglichkeit, Methoden wie sie das NLP verwendet, als ein Instrument von vielen zu integrieren. Lösungsorientierung ist ein Ansatz, der aufnimmt, was funktioniert. Da Menschen ihre eigenen Lösungen während des Gesprächs (wieder-)finden, sind Diagnosen, Schubladen und Einordnungen überflüssig und blockierend: Was hilft es zu wissen, dass jemand Alkoholiker ist bzw. ursachenorientiert, woher diese Krankheit stammt? Interessanter erscheint die Fähigkeit, statt Alkohol zu trinken, andere Dinge zu machen und die dafür notwendigen Fähigkeiten zu aktivieren.

VI. Literatur

Bamberger, G. G.: *Lösungsorientierte Beratung.* Weinheim: Psychologie Verlags Union, 1999.

Bandura, A.: *Social foundations of thought and action: A social cognitive theory.* Englewood Cliffs, NJ: Prentice-Hall, 1986.

Buchner, D.: *Team-Coaching: Gemeinsam zum Erfolg.* Wiesbaden: Gabler, 1995.

Cuelho, Paulo: *Der Alchimist.* Zürich: Diogenes, 1996.

Drees, A.: *Folter: Opfer, Täter, Therapeuten. Neue Konzepte der psychotherapeutischen Behandlung von Gewaltopfern.* Gießen: Psychosozial-Verlag, 1997.

Epstein, D., White, R.: *Die Zähmung der Monster,* 1994.

Farelli, F., Brandsma, J. M.: *Provokative Therapie.* Berlin: Springer, 1986.

Gardner, H.: *Dem Denken auf der Spur: Der Weg der Kognitionswissenschaft.* Stuttgart: Klett-Cotta, 1989.

Gordon, T.: *Manager-Konferenz.* München: Heyne, 1989.

Gordon, T.: *Die neue Familienkonferenz.* München: Heyne, 1989.

Grawe, K., Donati, R., Bernauer, F.: *Psychotherapie im Wandel: Von der Konfession zur Profession.* Göttingen: Hogrefe, 1994.

Hennig, C., Ehinger, W.: *Lösungsorientierte Beratung.* Beckmannweg 16, 72076 Tübingen.

Hobmair: *Psychologie.* Köln: Stam, 1997.

Hucke, H.: *Wer früh' aufsteht, wird reich: Lebensweisheiten.* Köln: Buch und Zeit, 1997.

LATANE, B.: *The psychology of social impact.* American Psychologist, 36, 1981.

LAY, RUPERT: *Dialektik für Manager.* München: Langen-Müller/Herbig, 1994.

MEHLMANN, R., RÖSE, O.: *Das LOT-Prinzip.* Vandenhoek & Ruprecht, 2000.

MONTAMEDI, S.: *Ein harter Schlag – Provokative Kommunikation.* in: ManagerSeminare 5/6, 1999, 58-64.

NUBER, U.: *Das Konzept ‹Resilienz›: So meistern Sie jede Krise.* Psychologie Heute, 5/1999.

REEVE, C.: *Immer noch ich. Mein zweites Leben.* München, 1999.

SATIR, V., BANMEN, J., GERBER, J., GOMORI, M.: *Das Satir-Modell.* Paderborn: Junffermann, 1985.

SHAZER, DE STEVE: *Wege der erfolgreichen Kurztherapie.* Stuttgart: Klett-Cotta, 1995.

SHAZER, DE STEVE: *Der Dreh.* Heidelberg: Auer, 1997.

SPRENGER, R.K.: *Das Prinzip Selbstverantwortung.* Frankfurt/Main: Campus, 1998.

THURMAIER, F., ENGEL, J.: *Wie redest Du mit mir.* 1995

ZAJONC, R.B.: *Feeling and thinking: Preferences need no inferences.* American Psychologist, 35, 151-175, 1980.

ZIMBARDO, P.G.: *Psychologie.* 5. Ausgabe, Berlin: Springer, 1992.